POVRPARLER TENV A FONTAINEBLEAV ENTRE LE R. P. PIERRE COTON de la compagnie de IESVS, Confesseur, & Predicateur ordinaire du Roy : & le sieur Gigord Ministre de la parole de Dieu reformée.

SECONDE EDITION REVEVE & augmentée de passages de l'Escriture par l'Auteur.

A PARIS
Chez DENYS LANGLOIS
ruë sainct Iacques.

M. DC. XIV.

MONSIEVR,

Entre plusieurs voyages que i'ay faict en Cour, ie n'en estime aucun plus heureux que celuy qui me detient presentement à Fõtainebleau: car y estãt venu pour mes affaires temporelles, i'ay eu subiect de vacquer aux spirituelles. Vous sçauez que nous n'auons rien plus pretieux en nos entendemens que la foy, ny rien de plus ialoux en nos cœurs que la religion: or la diuine Prouidence a voulu qu'en l'vn & l'autre i'aye esté merueilleusement consolé ces iours passez, à l'occasion d'vne Conference qui se fit, partie au Cabinet, partie en l'Antichambre du Roy, le 29. de Iuin, iour consacré à la memoire & solemnité des bien-heureux Apostres saint Pierre, & saint Paul: ie vous en feray le recit tout au long,& selon la pure verité, ayant esté tesmoing oculaire & auriculaire de tout ce que ie diray.

Le sieur Gigord Ministre à Montpelier ayant assisté à la predication que le R. P. Coton auoit faict en la salle de la belle cheminee,enuirõ les deux heures apres midy ,& de là s'estant retiré au Cabinet du Roy, où estoit le sieur de Castelnau, Seneschal du païs des Lannes,& Gouuerneur pour le Roy de Mõt-marsan, & Persan, auec plusieurs Seigneurs & Gẽtils-hommes de l'vne & l'autre Religion : on entra en discours de la remarque qu'auoit faict ledit Pere touchant la foy de sainct Pierre, que le fils de Dieu auoit rapporté non à la chair,ny au sang, mais à la reuelation de Dieu ſon Pere, monſtrant l'vne des principales differences entre l'hereſie,& la foy eſtre, que celle-là ſuit la piſte des ſens,& ceſte-cy les ſurmonte. Ce que ledit Gigord aiant advoüé, il luy fut repliqué, pourquoy donc ils enſeignent qu'en la Cene il n'y a autre realité que celle qui eſt deſcouuerte par les ſens. Demande qui l'engagea à recourir à l'energie de la foy: dernier retranchement où ils ſe iettent quand on les preſſe ſur ceſte matiere. Et ſur ce le diſcours cõmençant à s'eſchauffer, le Pere Coton y fut ſouhaitté, & notamment par le dit ſieur de Caſtelnau Gentil-hõme de la Religion pretẽduë reformée: dequoy s'apperceuant le ſieur de Guyancour Eſcuyer du Roy, partit à l'inſtant, le chercha en toute diligence, & en fin le trouua à Veſpres en la chapelle baſſe de la cour de l'Ouale: où luy faiſãt entẽdre ce qui ſe paſſoit dans le Cabinet, le Pere ſe ſouuint qu'il falloit quelquefois laiſſer Dieu pour Dieu, ſortit auſſi toſt auec ledit Gentil-homme, ſe repreſenta à ceux qui l'attendoiẽt, ſalüa le Miniſtre qu'il auoit autrefois cogneu en Languedoc, & luy dict qu'il n'eſtoit venu pour l'interrompre, ains pour participer à leurs diſcours, & le pria de continuer le propos qu'il auoit entamé. Le ſieur de S. Chaumont qui eſt vn ieune Seigneur de Lyonnois doüé de qualitez ſignalees, & qui a fort biẽ eſtudié, reſpondit qu'ils en eſtoiẽt ſur l'Euchariſtie, & que monſieur Gigord maintenoit qu'en la Cene on ne receuoit le Corps de Ieſus-Chriſt que par la ſeule foy. Il le faut croire, dit le Pere, ſi la ſaincte Eſcriture le teſmoigne: & ſe tournant au Miniſtre, le pria de luy citer vn paſſage où cela fuſt eſcrit. Le ſieur Gigord allegua le ſixieſme de S.

Iean ; Qui croit en moy, il n'aura point de faim, & n'aura point de ſoif : deprauant le paſſage lequel dict ainſi: Qui vient à moy il n'aura point de faim, & qui croit en moy il n'aura iamais ſoif : à quoy neantmoins le Pere ne ſe vouluſt arreſter, & luy demanda ſeulement s'il eſtimoit que croire au fils de Dieu & faire la Cene fuſt vne meſme choſe ? Le ſieur Gigord fut demie heure auant que vouloir reſpondre à ceſte demande, diuaguant inceſſamment : mais en fin preſſé d'interrogations il reſpondit qu'ouy: & à l'encontre de cet ouy, le Pere luy fit ce ſyllogiſme :

Croire au fils de Dieu, ſelon vous, c'eſt faire la Cene:

Or maintenant vous croyez au fils de Dieu;

Maintenant doncques vous faites la Cene.

Monſieur Gigord roula long

temps cet argumẽt ſans y reſpondre: ſe mit ſur l'expoſitiõ de la foy; voulut déclarer les fruicts de la Communion: mais il fut ramené par demandes ſuccinctes, & ſerrées à ce dont il eſtoit queſtion; & c'eſt grãd cas q̃ durant vne heure entiere on ne luy peut arracher de la bouche aucune reſponce aſſeurée, quoy que le Pere ſceuſt dire ou faire, dõt l'aſſiſtance eſtoit merueilleuſement offenſée. Or ſa peine eſtoit, qu'en accordant la maieur, l'argument concluoit. Vous faites donc maintenant la Cene: & la niant c'eſtoit demantir ſon paſſage, ou accorder qu'il ne vouloit dire ce pourquoy il l'auoit allegué. Il remua donc ſi ſouuent ceſte pierre, qu'elle retomba ſur luy comme ſur vn autre Siſyphe. Car toute l'aſſemblée en fut ſi eſtomaquée, que chacun hochoit la teſte contre luy: Et n'en fust iamais sorty, si quelqu'vn ne luy eust suggeré de respondre, que croire au fils de Dieu, n'estoit pas faire la Cene, encore que ce fust manger son corps, & boire son sang: à quoy le Pere repliqua, que si quelqu'vn pouuoit estre animal raisonnable sans estre homme, l'eschapatoire estoit bõne, & seroit possible de faire la Cene sans manger le corps, & sans boire le sang du fils de Dieu. Le Ministre repartit, que ce n'estoit pas le mesme, d'autant que pour estre homme il n'y faut autre chose que d'estre animal raisonnable; & pour faire la Cene il y faut autre chose, que boire & mãger le Corps & le Sang de Iesus Christ: car il y faut le pain sanctifié. Si ainsi est, dit le Pere, accordez donc que le passage cité par vous sur ma demande a esté allegué hors de propos & d'abondãt accordez que la ſeule foy ne ſuffit pas pour faire la Cene : ce p[illegible]ſup-poſé, venons maintenant au pain que vous auez appellé sãctifié; c'eſt à dire, deſtiné à vn ſainct vſage, & voyons s'il eſt vray qu'apres la parole du Fils de Dieu, il demeure encores pain, ou s'il change non ſeulement d'vſage, mais encore de nature.

Mat. En S. Mathieu, en S. Marc, &
26. en S. Luc, il eſt eſcrit que noſtre
Marc
14. Seigneur print le pain, le benit, &
Luc. le rompit, le bailla à ſes Apoſtres,
22. & leur dict, Prenez, mangez, cecy
Iean.
16. eſt mon corps.

En S. Iean il dit, Le pain que ie
2.Cor vous donneray, eſt ma chair, la-
12. quelle ie donneray pour la vie du
monde.

En la premiere aux Corinthiēs, I'ay receu du Seigneur ce que ie vous ay enſeigné: C'eſt que le Seigneur Ieſus, en la nuict en laquelle il fut trahy, print du pain, & ayant rendu graces à Dieu, le rompit, & dict, Prenez, mangez, cecy est mõ corps qui est rompu pour vous, faictes cecy en commemoration de moy: semblablement aussi apres le souper il print la coupe, disant: Ceste coupe est la nouuelle alliance en mon sang, faictes cecy en commemoration de moy.

Et au verset 16. du mesme chapitre, Quiconque mãgera de ce pain, ou boira la coupe du Seigneur indignement, il sera coulpable du corps & du sang du Seigneur: & au mesme endroit: Que chacun de nous s'esprouue soy-mesme, & ainsi mãge de ce pain, & boiue de ceste coupe: car qui en mange & en boit indignement, il boit & mange son iugement, ne discernant pas le corps du Seigneur.

A l'encontre de ces textes si exprés, (dit le Pere) Si vous en auez vn ſeul où il ſoit eſcrit que le pain eſt la figure du corps (encores que la pluralité le doiue emporter ſur le petit nombre) nous nous joindrons à vous. Le miniſtre reſpõdit nous en auons pluſieurs où il eſt eſcrit, que Ieſus-Chriſt eſt la Pierre, la Porte, la Vigne, le Lion, l'Agneau, paſſages qui ne peuuent eſtre entendus qu'en figure. Il eſt vray, dict le Pere : Mais en auez vous aucun où il ſoit dit de Ieſus Chriſt, Cecy eſt vne Pierre, cecy eſt vne Porte, cecy eſt vne Vigne, cecy eſt vn Lion, cecy eſt vn Agneau : ou que de la Pierre, de la Porte, de la Vigne, du Lion, d'un Agneau, il ait dit, Cecy eſt mon corps? Le Miniſtre aduoüant que non, le Pere luy fit recognoiſtre la difference qu'il y a entre le pronom ſurnommé demõſtratif & les autres: parce que le demonſtratif ne s'employe iamais que pour demonſtrer & faire bien entendre la realité, & proprieté d'vne choſe: comme l'on peut bien dire du Roy, qu'il eſt le Soleil de ſa Cour, mais non pas cecy eſt vn Soleil. Pource que l'oreille n'entend iamais le mot de, cecy, qu'elle n'attende la realité, & la ſubſtance de la choſe vnie à ce pronom par la copule verbale : & qu'ainſi ne ſoit, dit-il, on ne ſçauroit produire vn paſſage en toute l'Eſcriture où le pronō (τοῦτο) entre les Grecs, (*hoc*) entre les Latins ſe prenne par figure, mais que pour l'heure il n'eſtoit pas queſtion de cela, ains de citer vn texte où il fuſt dit que le pain eſt la figure du corps. Le Miniſtre vouloit changer de note, & ſaulter, comme l'on dit, de cercle en tabourin, repliquant que noſtre Seigneur auoit prins du pain, & que le monoſyllabe, *hoc*, ſignifioit le pain. Dequoy le Pere Coton ne voulut ouïr parler iusques à ce qu'il luy eust baillé vn passage où il fust dit que le pain est la figure du corps inculquant souuent, Confessez qu'il n'y a point de texte en l'Escriture, qui die ce que vous dictes, ou le citez. Et c'est icy où le Ministre fut pour la seconde fois fort long temps sans qu'il voulust dire ouy, ou non. Le Pere le pressant tousiours de respondre affirmatiuemẽt ou negatiuement, en fin le sieur Gigord s'aduisa de citer S. Paul en la 1. aux Corinthiens, où il dit, Le pain que nous rompons n'est-il pas la communiõ du Corps de Christ? Mais il fust tost conuaincu, & vaincu de son propre glaiue, les paroles de S. Paul ne pouuant denoter autre chose, sinon qu'en la fraction de ce pain, le corps de Iesus Christ est vny au nostre, & le nostre au sien, sans qu'il soit faict aucune mẽtion de figure ou de tropologie: Au demeurant qu'il y estoit parlé d'vne benediction ou consecratiõ qui n'est en vsage parmy eux, τὸ ποτήριον τῆς εὐλογίας ὃ εὐλογοῦμεν, Le Calice de benedictiõ lequel nous benissons: qui fut cause que le Ministre reuint à son pain, reïterant sans aucune preuue, que, *hoc*, vouloit dire le pain, & consequemment que c'estoit à dire, signifie. Surquoy le Pere respondit, que s'il estoit loisible d'ainsi glosser les paroles de Dieu, & leur donner vn contresens, il ne tenoit à rien que l'on ne tombast en l'erreur des Manicheans, qui donnoient vn corps imaginaire au Fils de Dieu: & que, *Verbum caro factum est*, ne se puisse expliquer, Le Verbe est signifié par la chair: & en S. Mathieu 3. *Hic est filius meus dilectus*, ne se puisse traduire, Cestuy signifie, ou cecy est la figure de mon fils: attendu que comme en l'vn il y a τοῦτό ἐστι τὸ σῶμά μου, cecy est mon corps: en l'autre il y a οὗτός ἐστιν ὁ υἱός μου. Bref s'il est permis de renuerser, d'adjouster, ou de diminuer à la parole de Dieu; que desormais on n'auroit que la parole des hommes, & l'on n'orroit que blasphemes. Voire mais ce que Christ print entre ses mains n'estoit-ce pas du pain?(dit le Ministre)ouy, dit le Pere. Et quand il le bailla disant: Cecy est, n'estoit ce pas encore du pain? Ouy, repliqua le Pere. Et quand il eut dit, Cecy est mon corps, n'estoit-ce pas toujours du pain? nullement, dit le Pere, ou Iesus-Christ n'auroit pas dit verité, ce que l'õ ne peut imaginer sans horreur, ny prononcer sans blaspheme: la difference de nos paroles auec celles de Dieu, aiãt entre autres choses ceste remarquable differẽce, que les nostres sont significatiues seulemẽt, & celles de Dieu sõt effectiues: si nous disons ce qui n'est pas, nous mētōs: mais quād Dieu dit ce qui n'estoit pas, il le fait estre en le disant: la terre n'estoit point, le Ciel n'estoit point, la mer n'estoit poĩt: il l'a dit, & la chose a esté faite: il l'a cōmādé, & elle a esté produicte.

Et de peur que n'estimassions que le pain demeurast auec son corps, cōme fōt les Lutheriēs cōsubstātiateurs, ou que sō corps estoit changé en pain, cōme dogmatisent les Impanateurs, l'eternelle Sapiēce n'a poĩt dit le pain, ou ce pain est mō corps, mais (*cecy*) qui est vne parole indeterminée iusques à la prolation de son attribut, *est mon corps*

Le sieur Gigord demeurant plustost esblouy de la splēdeur de telles raisōs, que persuadé, recourut à vne autre preuue contre la reelle presence du corps, au lieu de fournir vn passage où il fust escrit que le pain n'est que la figure du corps: ce que le Pere luy permit l'admonestant seulement, qu'il n'auoit encor acquité ses debtes: l'Argument fut tiré de ces paroles, Faictes cecy en memoire de moy: & comme le Ministre hesitoit à bien former son syllogisme, le Pere le luy meit en forme & en figure de ceste sorte:

La memoire n'est que des choses passees.

L'on fait memoire de Iesus Christ en l'Eucharistie.

Iesus Christ donc n'est plus en l'Eucharistie.

Et en mesme temps il feit voir que l'on faisoit vrayemẽt memoire des choses passees en l'Eucharistie, à sçauoir de la passiõ du fils de Dieu, de sa mort, & de l'effusion de son sang qui n'est plus : & que l'Apostre mesme auoit ainsi exposé le mot de (memoire ou commemoration) disant: T*outes fois & quãtes* *que vous mangerez de ce pain, & boirez de ceste coupe, vous annoncerez la mort du Seigneur, iusques à ce qu'il vienne* : & c'est pourquoy nostre Seigneur adiouste à l'institution du Sacrement, *Prenez mangez, cecy est mon corps, lequel sera (ou qui est) liuré pour vous. Cecy est mon sang, lequel sera (ou est) respandu pour vous*. Response qui satisfaisoit abondamment, mais d'autant que quelqu'vn feit adiouster à la propositiõ maieure du susdit syllogisme, que la memoire est des choses passees, & absentes; le Pere feit voir comme vne chose peut representer soy-mesme encor que presente, & ce par la manne qui estoit conseruee dans le Gomor, pour representer soy-mesme & tout le surplus de la viande celeste qui estoit tombee miraculeusement au desert, & par la similitude du Roy qui pourroit sur vn theatre repre-

ſenter aiſémẽt la prinſe d'Amiẽs, ou la bataille d'Yuri, preſentant & repreſentant ſoy-meſmes ſelon diuerſes conſideratiõs. Moy-meſmes, dit le Pere, qui diſpute auec vous, ne le peux-je pas faire en memoire de ce que nous eſtions en la diſpute qui ſe fit à Niſmes entre le ſieur Chamier & moy? ainſi donc il eſt aiſé à comprẽdre comment Ieſus-Chriſt eſtant en l'Euchariſtie ſacrificateur ſelon l'ordre de Melchiſedech, repreſente ſoy-mêmes ſacrifié ſur l'Autel de la Croix. Chacun fut grandement ſatisfait de ceſte reſpõce, d'autant plus qu'elle eſtoit conforme à l'expoſition de l'Apoſtre: *Car toutesfois & quantes que vous mangerez de ce pain, & boirez de ceſte coupp*e, *vous annoncerez la mort du*
1.Co. *Seigneur iuſques à ce qu'il vienne.*
11.v. Paroles neãtmoins qui donnerẽt
26. ſubiect à aucuns d'obiecter qu'il

n'estoit donc pas en l'Eucharistie
presentemẽt, puis qu'il nous ren-
uoie à sa derniere venuë: mais cela
fust tost esclarcy auec la distinctiõ
de la double presence du fils de Luc.
Dieu, l'ordinaire, & l'extraordi- 24.
naire, la visible & l'inuisible: di- v. 44
stinction fondée sur sa propre pa- Mar. 26 11
role, veu que parlãt à ses Apostres Mat.
apres la resurrection, il leur dit: *Ce* 28. 20.
sont icy les propos que ie vous tenois,
quãd i'estois encores avec vous; or l'õ
voit qu'estãt presẽt il parle de soy
cõme absẽt, à cause de la differẽce
de sõ estre mortel auec l'ĩmortel,
necessiteux & affrãchi de necessité
En vne maniere il dit: *Vous ne m'au-*
rez pas tousiours auec vous, en l'autre: *Ie suis auec vous iusques à la con-*
sõmatiõ du siecle. Le Ministre s'escria
q̃ tout cela s'ẽtẽdoit de la diuinité, & qu'il ne se trouueroit passage
par lequel on peut mõstrer q̃ l'humanité de I. Ch. fut ailleurs qu'à

la dextre de Dieu. Le Pere à l'instant luy en fournit vne couple, l'vn tiré du 9. l'autre du 23. des Actes : au premier il est escrit que nostre Seigneur apparut à S. Paul allant en Damas : ses yeux en furent esblouys: la voix qui disoit *Saul Saul pourquoy me persecutes tu*: fut ouye de ceux qui l'accõpagnoient, auec la replique, *Ie suis Iesus que tu persecutes* En l'autre, il est dit que le Seigneur apparut au mesme Apostre dans la forteresse ou prison, l'exhortant à estre ferme & constant. Or dautãt que le sieur Gigord soustenoit que l'vne & l'autre apparition estoit imaginaire, ou que S. Paul estant en terre, il auoit veu Iesus-Christ sur les Cieux : contre la vision imaginaire, le Pere cita la 1. aux Corinthiens 15. où S. Paul met l'apparitiõ qui luy fut faicte en mesme rãg auec celles qui furent faictes à Cephas, à Iacques, & à plus de cinq

cens freres pour preuuer la resurrection du fils de Dieu, ce qu'il n'eust
faict si elle eust esté purement imaginaire: & pour monstrer qu'elle
n'estoit de la terre au Ciel par ele-
uation de faculté visiue, il mõstra
que Iesus-Christ estoit apparu à S.
Paul au mesme chemin: premierement parce que la voix fut ouye de Act.
tous: secondement par le rapport 9.
d'Ananie, lequel dit, *Saul frere le Sei-* ver.
gneur Iesus qui t'est apparu au chemin 27.
par lequel tu venois, m'a ennoyé, afinque
tu recouures la veue, & sois remply Act.
du S. Esprit: troisiesmement par- 26.
ce qu'il est escrit au mesme lieu ver.
que Barnabé raconta aux Apo- 23.
stres comme *au chemin il auoit veu*
le Seigneur: & en fin parce que luy
mesmes le dict ainsi au Roy Agrip-
pa, luy faisant le recit de sa con-
uersion. Apres le Pere feit voir que
la seconde apparition auoit esté
faicte dans la prison ou forteresse,

Geneue, il eſt ſpecifié que noſtre Seigneur *ſe preſenta à luy*, & luy dit: *Paul ayes bon courage, car comme tu as rendu teſmoignage de moy en Ieruſalem, tu le feras à Rome.* Quatrieſmement, pource que au texte Grec il y a ἐπιστὰς αὐτῷ, qui ſignifie mot à mot, eſtant ſur luy, ou comme appuié ſur luy: Demonſtratiõs qui deuoient contenter le Miniſtre, s'il euſt eſté auſſi attentif à penetrer la raiſon qu'a couurir ou recouurer l'honneur qu'il alloit continuellement perdant. Mais comme les Scribes grinçoient des dents contre ſaint Eſtienne ne pouuant reſiſter à l'eſprit qui parloit en luy, ainſi l'vn de ſa trouppe s'eſcria interrompant la diſpute, que le Pere Cotton eſtoit Vbiquiſte, hochant la teſte, & ſe remuant d'vne eſtrange maniere. Le Pere luy demanda raiſon de ſon dire, pour laquelle ne pouuãt rendre

rendre que par les redictes de sa concl[u]sion, le Pere fut contraint de luy dire qu'il n'entendoit pas ce qu'il disoit : dequoy se formalisant il adiousta qu'il ne luy faisoit point de tort, attendu qu'il n'estoit Theologien, ains Iurisconsulte : deslors le Pere eut vn peu plus d'audience de luy, laquelle il emploia à faire voir qu'iniurieusement il l'auoit appellé Vbiquiste, attendu que iamais on ne luy auoit ouy dire que le corps de Iesus-Christ fust par tout : qu'il sçauoit assez la distinction des Theologiens que *Totus Christus est vbique, sed non totum Christi*, & que par tout où est l'humanité du Verbe, est aussi la diuinité, mais non reciproque.

Ceste petite Apologie paracheuee il reuint au passage tiré du 23. des Actes, monstrant comme Iesus-Christ estoit en mesme tẽps

& dans la priſon auec S. Paul, & ſur les Cieux à la dextre du pere. Le Miniſtre reſpondit qu'il eſtoit là parlé du Seigneur, & que ce mot s'entendoit de la diuinité. Le Pere repliqua q̃ la diuinité ne s'appuye point, ne s'aduãce poĩt, ne s'approche point, & que neantmoins telle eſtoit l'emphaſe de la parole ἐπιστὰς. D'abõdãt le Seign. luy dit: Cõme tu as rendu teſmoignage de moy en Ieruſalem, auſſi faut-il que tu me ſois teſmoing à Rome. Or le teſmoignage qu'il auoit rendu en Ieruſalem eſtoit de Ieſus-Chriſt, & que partant c'eſtoit luy en perſonne accompagné de ſon humanité. Ailleurs, dit le ſieur Gigord, quand il eſt parlé de Ieſus-Chriſt, il n'eſt parlé que de ſa diuinité, & cita la ſentence, *Là où deux ou trois ſeront aſſemblez en mon nom, ie ſuis au milieu d'eux.* A quoy le Pere reſpondit diſtinctement, en declarant la difference qu'il y a entre les noms de Dieu ; car les vns, dit-il, sont communs à toutes les trois personnes, comme *Elohim*, *Adonai*, *Sauai*, les autres conuiennent à chasque personne, priuatiuement aux autres : cōme le nom de *Redempteur*, *de fils de Dieu*, de *Paraclet* : & de rechef les vns luy conuiennent absolument en consideration de luy mesme comme le nom de *Dieu*, *de Iehoua*, *ie suis qui suis* : autres relatiuement aux creatures cōme de *Seigneur*, *Createur*, *Iustificateur*, *Gouuerneur*, & semblables. De là il vint à declarer les pronoms, & monstra que la particule (*ego*) estoit vn pronom personnel, lequel se rapportoit directement à l'hypostase, & par connexité (ce qu'ils appellent *connotatiue*) à l'essence, & partant que quand le fils a promis de se trouuer au milieu de deux ou trois aſſemblez en ſon nom, la parole (*ego*) regarde l'hypoſtaſe, laquelle ſe trouue par tout, dautant qu'elle eſt vne meſme choſe auec la diuinité.

Diſcours qui ferma la bouche ſur ce ſubiect au Miniſtre, & la luy ouurit ſur vne derniere obiection prinſe de S. Mathieu 26. quand noſtre Seigneur dict aux Apoſtres qu'il ne boiroit plus auec eux de cete engeance de vigne, iuſques à ce qu'il la boiroit nouuelle au Royaume de Dieu ſon pere: par leſquelles paroles il ſemble ſignifier qu'il n'y a autre choſe dans la coupe que *l'engeance de vigne*. Le pere reſpondit là deſſus nettemẽt & intelligiblement en peu de paroles; que ſelon S. Luc il y eut deux coupes en ce dernier ſoupé du Fils de Dieu auec ſes Apoſtres, l'vne commune, l'autre ſacree; l'vne typique l'autre myſtique;

de la premiere, il dict qu'il ne boiroit plus de ceste engeance de vigne: De la seconde il dict, Cecy est mon sang du nouueau Testament, lequel est respandu pour plusieurs en remissiõ des pechez. & pour le mieux verifier le sieur de Chaumõt alla querir vn nouueau Testament, où il feit voir en son autographe ce qui suit:

Quand doncques l'heure fut venuë, il se meit à table, & les douze Apostres auec luy, adonc il leur dict: I'ay grandement desiré de manger cet Agneau de Pasques auec vous, deuant que ie souffre, car ie vous dis que ie n'en mangeray plus, iusques à ce qu'il soit accomply au Royaume de Dieu: & il print la coupe & rendit graces, & dict, Prenez *la, & la distribuez entre vous: car ie vous dis que ie ne boyray plus du fruict de la vigne, iusques à ce que le Royaume de Dieu soit venu.* Puis *prenant le pain & ayant rendu graces, il rompit & leur bailla, disant, Cecy est mon corps, lequel est donné pour vous, faictes cecy en commemoration de moy : semblablement aussi leur bailla-il la coupe apres le souper, disant, Ceste Coupe est le nouveau Testament en mon sang, qui est respandu pour vous.*

Pendant qu'on attendoit le liure, le Pere fit voir à toute l'assẽblee que quand il ne seroit parlé que d'vne seule & mesme coupe, le passage estoit totalement pour les Catholiques, & nullement pour les aduersaires : la demonstration en fut telle:

Au Royaume de Dieu les Apostres boyuent presentement la mesme engeance de vigne qu'ils beurent en la Cene, & non autre.

Or Iesus-Christ est ceste engeãce de vigne que les Apostres boiuent presentement au Royaume de Dieu, & nõ la vigne materielle.

Iesus-Christ dõc est l'ẽgeãce de

vigne que les Apoſtres beurẽt en la Cene, & non la materielle.

Et c'eſt de ceſte vigne qu'il auoit predit, vous eſtes les pampres, & ie ſuis la vigne, mon pere eſt le vigneron. Ce Syllogiſme fut iteré, reïteré, roulé, maſché & remaſché par le Miniſtre pluſieurs fois. Tãtoſt il en reprouuoit la forme, ſans pouuoir mõſtrer en quoy elle eſtoit defectueuſe: tantoſt il interrogeoit le Pere au lieu de reſpondre, & en fin ne pouuãt faire autre choſe, on luy dit qu'il valoit mieux reuenir à l'authorité de S. Iean Chryſoſtome, lequel entend par le Royaume de Dieu, la Reſurrection de ſon Fils: le Pere forma de ceſte inſtance vn argument en faueur du Miniſtre.

Noſtre Seigneur, apres ſa Reſurrection, qui eſt le Royaume de Dieu ſon Pere (ſelon ſaint Iean Chryſoſtome) n'a beu auec ſes

Apoſtres autre engeãce de vigne que la materielle:

Luca. 24. Auct op. Imp. ho 16 D. Aug. decõſ Euãg lib. 5. cap. 25. Iſych. Hieroſ. li. 23. Leuit cap. 9 Beda & Theo. in ca put. 41. Luca.

Or il donna à boire en la Cene la meſme engeance de vigne qu'il beut apres ſa Reſurrection : Dõcques en la Cene il n'a donné autre engeance de vigne que la materielle.

I'en nie la majeur, dit le Pere, à ſçauoir que le fils de Dieu n'ait beu auec ſes Apoſtres , apres ſa Reſurrection, autre engeance de vigne que la materielle : car en ſainct Luc il eſt eſcrit que Cleophas auec ſon compagnon recogneurent en Emmaus le fils de Dieu à la fraction du pain : paſſage que le meſme ſaint Iean Chryſoſtome , (ſi toutesfois il eſt autheur de l'œuure imparfaite ſur S. Matthieu) explique de l'Euchariſtie: comme le font auſſi ſaint Auguſtin , Iſychius, Bede , & Theophylacte: le ſieur de Caſtelnau repliqua, qu'il n'estoit là parlé que de la fraction du pain, & non de la coupe: à quoy le Pere respondit, que selon Geneue l'vne n'a jamais esté sans l'autre : Responce qui amortit l'argument du sieur Gigord, & donna loisir de lire S. Cyrille de Ierusalem, en la Catechese quatriesme mystagogique conformément à la citation que le Pere en auoit faict : en voicy la teneur.

Puis que Iesus-Christ mesmes a dit du pain : Cecy est mon corps, qui doutera desormais que ce ne le soit? & le mesme aiant confirmé & dit: Cestuy est mõ sang, qui (dis-je) le reuocquera en doute, & osera dire que ce n'est pas son sang? Et immediatemẽt apres: *Il a autrefois mué l'eau en vin, qui a grande accointance auec le sang, en Cana de Galilée par sa seule volonté, & il ne sera pas digne qu'on croye de luy qu'il ait transmüé le vin en sang*

Car ſi eſtant ſemond aux nopces corporelles il a fait ce merueilleux miracle, ne confeſſerons nous pas plus aiſément qu'il ait baillé ſon corps & ſon ſang aux enfans de l'Eſpoux ? Parquoy prenons auec toute aſſeurance le corps & ſang de Ieſus-Chriſt. Car ſous l'eſpece de pain le corps ſe donne, & ſous l'eſpece de vin ſe donne le ſang, afin qu'ayans receu le corps & ſang de Ieſus-Chriſt, nous ſoyons faicts comparticipans auec luy en corps & en ſang: Ainſi nous ſerons appellez Christofores, c'eſt à dire, portans le Chriſt en nous-meſmes, quand nous aurons receu ſon corps & ſon ſang dans nos membres: & ainſi nous ſerons faicts ſelon le dire du bien-heureux ſaint Pierre, conſorts & participans de la diuine nature.

Et peu apres : *Ne le conſidere point comme nuëment du pain, ou nuëment du vin, car c'eſt le corps & ſang de Ieſus-Chriſt, ſelon les paro-*

les du mesme Seigneur. Et quoy que le sens te suggere, appuye toy sur la foy, & ne iuge point de ceste chose par le goust: ains plustost tiens pour article de foy sans hesiter aucunement, que l'on t'a donné le corps & le sang.

Et sur la fin de la Catechese: *Sçachant vne chose, & la tenant pour indubitable, que ce qui nous semble pain, n'est pas pain, ores que le goust le iuge estre pain: mais que c'est le corps de Iesus-Christ, & que le vin que nous voyons, combien qu'il semble au goust estre vin, toutefois n'est pas vin: mais le sang de Iesus-Christ.*

Apres ceste lecture, le sieur de Castelnau demanda au Ministre s'il receuoit cet autheur, & s'il estoit de ceux qui ont escrit en la pureté de l'Eglise. A quoy il respődit apres auoir hesité quelque temps qu'il le receuoit, &

qu'il l'approuuoit, entant qu'il n'auroit rien enſeigné qui fuſt cõtraire à l'Eſcriture: Mõſtrez-moy donc, dit ledit ſieur de Caſtelnau, le contraire de ce qui a eſté leu par l'Eſcriture : & notamment trois choſes. *Que cé qui ſemble eſtre pain, n'eſt plus pain, & que le ſens y eſt trompé. Que ſous l'eſpece du pain, eſt le corps, & ſous l'eſpece du vin eſt le ſang de Ieſus-Chriſt. Que nous le receuons dans nos membres, & ſommes rendus Chriſtofores*. Ie requiers contre cela l'auctorité de l'Eſcriture, & non vos imaginations. Monſieur Gigord n'aiant dequoy foncer, voulut diuaguer & changer de matiere : mais il fut preſſé de reſpondre à la raiſonnable demande qui luy auoit eſté faite. Ce que ne pouuant, ledit ſieur de Caſtelnau luy dit: Ie ne veis iamais ſi mal faire, & ne ſuis pas d'aduis deſormais de vous croire. Eſt-ce dõc ainſi que vous rendez raiſon de la foy que vous nous enſeignez, de nous produire vos imaginations au lieu de l'Eſcriture? Le Miniſtre outré de douleur de ſe voir conuaincu, & ne pouuant ſupporter d'eſtre repris par vn perſonnage de telle qualité, luy dit qu'il n'en ſeroit pas le iuge: Si ſeray, reſpondit-il, auec l'aide de Dieu, & la grace du ſaint Eſprit.

Sur ce point le Roy retournant de la chaſſe, & voiant que la diſpute duroit encore, & que l'heure eſtoit tarde, il enuoia le ſieur de S. Cana dire au Pere à l'oreille, que c'eſtoit aſſez. A quoy il obeit à l'inſtant, allãt trouuer ſa Maieſté, qui deſia eſtoit aſſiſe à table. Le Roy luy demãda comme eſtoit allée la diſpute: il reſpondit, Bien & paiſiblemẽt, & que ſa Maieſté en ſçauroit plus conuenablemẽt les particularitez par les aſſiſtans que par luy-mesmes: Allez donc souper, dit sa Maiesté: & apres son depart s'informant de la chose, il luy fut respondu tout haut, que le Ministre auoit esté deferré des quatre pieds. Surquoy il appella le sieur de Castelnau, pour sçauoir de luy ce qui s'estoit passé, tesmoignant d'en receuoir vn singulier contentement.

Or d'autant que tout le temps qui s'escoula depuis le Dimanche apres disné, iusques au Mercredi matin, le Pere pour l'ordinaire se teint dans l'Antichãbre du Roy, pour ne manquer aux occasions, en cas que le Ministre ou autre pour luy, voulut rentrer en lice, plusieurs questiõs luy furent proposées par diuerses personnes, de l'vne & de l'autre Religion, lesquelles i'ay iugé deuoir inserer en ce lieu, tant pour nostre consolation, que pour m'en rafraischir l'idee, estant dignes, ce me semble, d'eternelle memoire.

Entreautres le ſieur de Caſtelnau auoit touſiours deſiré de voir vn paſſage de S. Auguſtin, qu'il auoit ouy citer au Pere, en vn ſermõ traictãt de la ſainte Euchariſtie, où il eſtoit dit que persõne ne mãge cete chair qu'il ne l'ait preablemẽt adorée. Le Pere ayãt extrait les meſmes paroles, eut pour loiſir de les lire audit Seigneur de Caſtelnau, & au ſieur de Beriguẽ, le Lũdy 29. en l'Antichãbre de la Reyne: i'ẽ prins copie, que i'ay traduite en noſtre lãgue comme ſuit.

S. Auguſtin ſur ces paroles du Pſeaume nonante-huictieſme: Exaltez le Seign. noſtre Dieu, & adorez l'eſcabeau de ſes pieds, car il eſt ſaint.

Que deuons nous adorer? l'eſcabeau de ſes pieds, que les Grecs appellent ὑποπόδιον, les Latins *ſcabellũ* ou *ſuppedaneum*. Mais prenez garde, mes freres, qu'eſt-ce qu'il vous commande d'adorer : en vn autre lieu l'Escriture dit : Le Ciel est mon siege, & la terre l'escabeau de mes pieds: donc celuy me commande d'adorer la terre, qui dit ailleurs que c'est l'escabeau des pieds de Dieu : & comment adorerons nous la terre, veu que l'Escriture dit ouuertement: Tu adoreras le Seigneur ton Dieu, & il dit icy : Adorez l'escabeau de ses pieds ? & m'exposant ce que c'est, que l'escabeau de ses pieds, ie me suis trouué en doute. Ie crains d'adorer la terre, de peur que celuy ne me damne ou condamne, qui a fait le Ciel & la terre : d'ailleurs ie crains de ne pas adorer l'escabeau des pieds de mon Seigneur, pource que ce Pseaume me dit : Adore l'escabeau des pieds, & l'Escriture me dit, *La terre est l'escabeau de ses pieds*. Car il a pris la terre de la terre, parce que la chair eſt de terre, & de la chair de Marie il a pris chair. Et pour ce qu'en ceſte chair, il a marché icy bas, & qu'il nous a donné ceſte meſme chair à manger pour noſtre ſalut, & que perſonne ne mange ceſte chair, qu'il ne l'ait adorée premierement: on a troué comme l'on peut adorer vn tel eſcabeau des pieds du Seigneur, & que non ſeulement nous ne pechions point en l'adorant, mais auſſi que nous pechions, ſi nous ne l'adorons. En meſme temps il leur fit lecture de l'inſtructiõ que ſaint Ambroiſe donnoit aux initiez, dont voicy les propres termes tirez du Chap. 9.

Tu diras, peut-eſtre, Comme m'aſſeures-tu que ie reçois le corps de Ieſus-Chriſt, puis que i'y vois vne autre choſe ? C'eſt ce qui nous reſte à prouuer. Or cõbien d'exemples auons nous en preuue, que ce n'est plus ce que la nature a formé : mais ce que la benediction a consacré, & que plus grande est la force de la benediction que celle de la nature, attendu que par la benediction, la nature mesme est changée ? Moïse tenoit vne baguette en sa main, il la ietta, & elle deuint serpent, derechef aiant apprehendé la queuë du serpent, elle se changea en baguette. Voys-tu donc que par la grace cõferée au Prophete, le serpent & la verge changerent deux fois de nature ? Les fleuues de l'Egypte qui couloient d'eau viue accoustumée, commencerent à bouillonner en sang, & l'on n'en pouuoit plus boire : Derechef par les prieres du Prophete, le sang coulant cessa, les fleuues reprirent leurs eaux naturelles. Que si la benediction d'vn homme a eu tant de force que de chãger la nature, que dirons nous de la Consecration diuine, où les paroles de nostre Sauueur & Seigneur exercent leur vertu? Car le Sacrement que tu reçois se parfaict par la parole de Iesus-Christ. Que si la parole d'Elie a eu tant de force que d'attirer le feu du Ciel, la parole de Iesus-Christ ne pourra elle pas changer la nature des Elemens? Tu as leu de toute la structure de l'Vniuers: Il a parlé, la chose a esté faite, il a commandé, les choses ont esté creées: la parole donc de Iesus-Christ qui a peu produire de neant ce qui n'estoit pas, ne pourra elle pas changer les choses qui sont en ce qu'elles n'estoient pas? Car ce n'est pas vn acte de moindre force, de produire vne chose de nouueau, que de changer les natures. Mais iusques à quand nous aidons nous d'argumens? vsons d'exemples qui ſoient prins de luy meſme. Confirmons la verité du myſtere; par celuy de l'Incarnation. Quãd Ieſus-Chriſt naſquit de la Vierge, y auoit il rien eu auparauant de ſẽblable en toute la nature? ſi nous cherchons l'ordre accouſtumé, toute generation humaine a ſon commencement de l'homme & de la femme: il appert donc qu'vne Vierge a cõceu par deſſus l'ordre de nature: Or ce corps que nous faiſons & conſacrons eſt né de la Vierge. Le meſme S. Ambroiſe, au liure quatrieſme des Sacremens au chapitre quatrieſme dict ainſi: Le pain qui eſt à l'autel eſt vn pain ordinaire deuãt les paroles ſacramentales: apres la conſecration du pain, ſe fait la chair de Ieſus-Chriſt, affermons donc cecy, comment ce qui eſt pain, peut eſtre le corps de Ieſus Chriſt en vertu de la conſecration, mais la conſecration en quels termes ſe fait elle, & par les paroles de qui? du Seigneur Ieſus. Car par toutes les autres choſes qui ſont dictes du Preſtre auant la cõſecration, loüange eſt renduë à Dieu, on prie pour le peuple, pour les Rois, & autres: Mais quand le ſacrifice ſe fait, le Preſtre n'vſe plus de ſes paroles: mais de celles de Ieſus-Chriſt, c'eſt dõc en vertu de la parole d'iceluy, que ce Sacrement eſt faict. Et quelle eſt ceſte parole de Ieſus-Chriſt? celle qui a formé toutes choſes: le Seigneur commanda, & le Ciel, la terre, & la mer furent creez. Vois-tu donc, de combien grande efficace & vertu eſt la parole de Ieſus Chriſt? Doncques s'il y a ſi grande force en la parole du Seigneur Ieſus, que les choſes qui n'eſtoiẽt pas, ont commencé d'eſtre: combien plus aiſement pourra il faire que les choſes ſoient, qui eſtoiẽt, & ſoient changees en vne autre, & par ainſi ce qui eſtoit pain deuant la conſecration, maintenant apres la conſecration, eſt le corps de Ieſus-Chriſt : d'autant que la parole de Ieſus-Chriſt change la creature, & par ainſi du pain ſe fait le corps de Ieſus Chriſt, & du vin meſlé auec l'eau dãs le Calice, ſe fait le ſang par la conſecration de la parole celeſte. Mais peut-eſtre tu dis : Ie ne voy point l'eſpece du ſang, mais il la reſſemble. Certainement comme tu as prins la ſemblance de mort, ainſi tu bois la ſemblance du ſang, afin que tu n'ayes frayeur & horreur du ſang, & toutesfois que le prix de ta Redẽption opere. Tu as apprins que tu reçois le corps de Ieſus-Chriſt, veux-tu ſçauoir qu'il eſt conſacré par les paroles celeſtes ? Entends quelles ſont ces paroles : Le Preſtre dit, Rends nous ceſte oblatiõ plaiſante, raiſonnable, &c. Tout ce qui ſuit apres eſt de l'Euangeliſte iuſques à ce mot: *Prenez* ſoit *le corps*, ſoit *le Sang*. apres quoy ſuiuent les paroles de Ieſus-Chriſt, Prenez & beuuez de cecy, tous: Cecy eſt mon ſang. Prens garde à chaque mot, *lequel le iour deuant qu'il enduraſt, print* (dit-il) *en ſes ſainctes main le pain*, deuant qu'il ſoit cõſacré, c'eſt pain: mais apres la prolation des paroles de Ieſus-Chriſt, c'eſt le corps de Ieſus-Chriſt. Apres eſcoute quãd il dict *Prenez & mangez en tous: car cecy eſt mon corps*: Deuant les paroles de Ieſus-Chriſt, c'eſt le Calice plein de vin & d'eau: apres que les paroles de Ieſus-Chriſt ont operé, là ſe faict le ſang qui a racheté le peuple. Conſidere dõc cõbiẽ puiſſante eſt la parole de Ieſus-Chriſt, de conuertir toutes choſes. D'abondãt le mesme Iesus-Christ tesmoigne que nous prenons son corps & son sang: de la verité & tesmoignage duquel nous ne deuons douter.

Et derechef, tu dis, peut-estre cestuy est mon pain accoustumé: vray est! mais ce pain est pain deuãt les paroles Sacramentales, apres la consecration du pain, se fait la chair de Iesus-Christ: adioustõs doncques cecy : Cõment se peut faire que ce qui est pain, soit le corps de Iesus-Christ? par consecration : or la consecration par quelles paroles, & de qui se faict elle? du Seigneur Iesus: car toutes les autres choses qui se disent contiennent la loüange de Dieu: quãd on vient à la consecration du venerable Sacrement, le Prestre n'vse plus de ses paroles, mais de celles de Iesus-Christ. C'est donc la parole de Iesus-Christ, qui parfait ce Sace Sacrement. Quelle parole de Iesus-Christ? celle qui a faict toutes choses. Le Seigneur cõmãda, & le Ciel fut fait : le Seigneur cõmãda, & la terre fut faicte : le Seigneur cõmãda, & les mers furent faictes: le Seigneur commanda, & toute creature fut produite. Vois-tu donc quelle est l'efficace de la parole de Iesus-Christ? si donc tãt de force a esté en la parole du Seigneur Iesus, que les choses qui n'estoient pas, ont cõmencé d'estre, cõbien plus operatoire sera-il pour faire que les choses qui sont soient, & soiẽt changees en vne autre? le Ciel n'estoit pas, la terre n'estoit pas; mais escoute le Psalmiste disant, Il a parlé, & les choses ont esté faictes: Il a cõmãdé, & elles ont esté creées. Afin dõc que ie te respõde, ce n'estoit pas le corps de Iesus-Christ, deuãt la Cõsecration, mais apres la Cõsecratiõ, ie ie te dis que alors c'est le corps de Iesus-Christ. Il l'a dict, il l'a faict, il la commandé, & il a esté creé.

A l'authorité de sainct Ambroise, le Pere adiousta celles de S. Ieã Damascene, & de Theophylacte: mais dautant que Damascene est plus recent, & moins receu par ceux de Geneue, il leut les passages de Theophylacte, qu'aucuns ont appellé l'Abreuiateur de S. Iean Chrysostome: escriuant dõc sur le vingt & sixiesme de S. Matthieu il dict, Iesus-Christ prononçant, Cecy est mon corps, monstre que le pain qui est sanctifié à l'Autel est sõ vray corps: Car il n'a pas dict, Cecy est figure, mais cecy est mon corps: dautant que par operation ineffable le pain qui nous semble estre tel, est transformé, parce que nous sommes infirmes, & aurions horreur de manger de la chair cruë, principalement d'vn homme, parquoy il ſemble bien que ce ſoit pain, mais reellement & de faict c'eſt chair.

Et ſur le quatorzieſme de S. Marc, le pain n'eſt par la figure, ou vn certain exemplaire du corps du Seigneur: mais il ſe conuertit au meſme corps de Ieſus Chriſt: car le Seigneur dit: Le pain que ie donneray eſt ma chair, & n'a pas dict, eſt la figure de ma chair. Et de rechef: Si vous ne mangez la chair du fils de l'homme, vous n'aurez point la vie en vous. Et comment dis tu, ceſte chair ne ſe void point? O homme, cela prouient de noſtre infirmité; car d'autant que le pain & le vin ſont compoſez de choſes qui nous ſont couſtumieres, nous le prenons ſans horreur. Que ſi le ſang & la chair nous eſtoyēt propoſez, nous ne le pourrions ſupporter, mais en ſeriōs eſpouuātez.

Parquoy le Dieu de misericorde condescendant à nostre foiblesse, garde bien l'espece du pain & du vin en ce mystere: mais il le transelemēte en la substāce de la chair, & du sang. Et sur S. Iean sixiesme: Prens garde que le pain que nous mangeons aux mysteres, n'est pas seulement vne figuration de la chair du Seigneur: car il n'a pas dit, Le pain que ie donneray est la figure de ma chair, ains ce pain là est trans formé par secretes paroles, en vertu de la mystique benediction, & de l'aduenement du S. Esprit en la chair du Seigneur: & afin que personne ne se trouble de ce qu'il faut croire que le pain soit chair: prenōs garde que quād nostre Seigneur cheminoit en la chair, le pain qu'il mangeoit se changeoit en son corps, & se faisoit semblable à sa saincte chair, & seruoit pour son augmentation

& souſtenement à la maniere accouſtumee : Pourtant maintenant le pain ſe change en la chair du Seigneur. Et ne dis plus, Ce que ie vois n'eſt pas chair, mais pain: cela ſe fait afin que tu n'ayes point d'horreur en mangeant, attendu que ſi la chair nous euſt apparu, noſtre deuotion euſt perdu ſon gouſt, & ſentiment, à l'endroit de ceſte communion : Or maintenant le Seigneur s'accommodant à noſtre foibleſſe, la viande myſtique nous apparoiſt en la façon & maniere qu'elle nous eſt ordinaire.

Ces paſſages furent leuz en la preſence des Seigneurs de Souuray, Chaſteauvieux, Caſtelnau, & de Beringuen : les deux premiers dirent qu'il ne ſe pouuoit rien dire ny trouuer de plus exprès, & qu'il ſemble que les ſaincts Peres auoient Caluin en teſte, quand ils vserent de ces termes: les deux autres se regardoient : & ledit seigneur de Castelnau demandant au sieur de Beringuen qu'il luy en sembloit, il respondit, voila de grands passages. Ce n'est pas tout, dit le Pere, mais il en faut faire son profit, & ne plus estriuer contre le sainct Esprit.

Quelque temps apres ces Seigneurs s'estans retirez, on proposa au Pere certain passage de Theodoret, disant, que apres la sanctification de l'Eucharistie les Symboles demeurent en leur premiere substance, forme, & figure.

A quoy il respondit, que de ce passage les Ministres ont tousiours fait espee, pauois, iauelot, & cuirasse, mais que au vray non seulement il n'estoit point contraire à la foy Catholique, ains tres-clair, & tres-puissant, pour la confirmer : ce qu'il verifia par les paroles Grecques, οὐδὲ γὰρ μετὰ τὸν ἁγιασμὸν τὰ μυστικὰ σύμβολα τῆς οἰκείας ἐξίσταται φύσεως. μένει γὰρ ἐπὶ τῆς προτέρας οὐσίας καὶ τοῦ σχήματος καὶ τοῦ εἴδους, καὶ ὁρατά ἐστι καὶ ἁπτὰ οἷα καὶ πρότερον ἦν. νοεῖται δὲ ἅπερ ἐγένετο καὶ πιστεύεται, καὶ προσκυνεῖται, ὡς ἐκεῖνα ὄντα ἅπερ πιστεύεται, c'est à dire mot à mot : Car apres la consecration les symboles mystiques ne perdent point leur naturelle proprieté, attendu qu'ils demeurent en l'espece & figure de la premiere substance, & peuuent estre veuz & touchez comme auparauant. Mais on les cõçoit tels qu'ils sont faicts, & on les croit & adore, comme estant ce que nous en croyons. Or d'autant que l'on produisit quelques traductiõs Latines imprimees en Allemaigne cõformes à l'obiection, le Pere fit cognoistre d'où venoit l'equiuoque, est que de trois genitifs, le premier seul va en genitif, & les deux autres en ablatif μένει γὰρ *manent enim* ἐπὶ τῆς προτέρας οὐσίας, *in prioris essentiæ* (ou *substantiæ*) καὶ τοῦ σχήματος, καὶ τοῦ εἴδους, *& figura, & specie.* Dequoy le Traducteur ne s'estant apperceu, il auoit tout mis en ablatif : encore que les paroles suiuantes, on les croit & adore suiuant ce que la foy nous en dicte, l'en eussent deu admonester : ce que consideré, à peine peut-on apporter passage plus exprés pour la transubstantiation. Car tant s'en faut que Theodoret die que les Symboles demeurent en la mesme substance, qu'il dit en forme & figure προτέρας οὐσίας c'est à dire, de la substãce qui estoit & qui consequemment n'est plus.

La derniere fois que le Pere Coton fut voir monsieur de Castelnau, il luy parla de Berengarius, & luy proposa sa cõfession de foy, laquelle semble honteuse en ses paroles (*frangitur sensualiter, palpatur, dentibus atteritur*) la responce du Pere fut, que l'on feit professer Berengarius de ceste sorte & auec paroles de si grande energie, à cause que deux ou trois fois il estoit recidiué en son erreur, excusant ses premieres abiurations par tropes & figures, recourant tantost à la manducation spirituelle, tantost à la particuliere assistance, tantost aux irradiations, & autres termes qui depuis ont esté en la bouche des Sacramentaires: pour donc oster toute ambiguité on luy proposa la formule où sont les paroles que dessus, couchees en paroles expressiues de la realité & transubstantiation, telle que l'Eglise Catholique l'a creu de tout temps: Transubstantiation qui fut expliquee au susdict Concile, non introduicte ou instituee de nouueau. Ainsi exposa Moyse parlant en la personne de Dieu 'linhibition de l'idolatrie en l'Exode 20. disant : Tu n'auras point d'autre Dieu deuant ma face : tu ne feras idole taillee ne resemblance aucune des choses qui sont là haut és Cieux, ny cy bas en la terre, ny és eaux dessous la terre : tu ne les adoreras point, & ne les seruiras, car ie suis le Seigneur ton Dieu. Toutes ces choses furent ainsi specifiees, d'autant que ce peuple estoit subiect au vice d'idolatrie, & eust peu facilement adorer tout ce que les Ægyptiens adoroient, auec lesquels ils auoyent seiourné. Pour mesme raison au Concile de Nicee susdict, on specifia contre l'erreur d'Arius, en quelle maniere le fils estoit essentié du pere & toutesfois à luy consubstantiel, commandant de dire *Deum de Deo, lumen de lumine, Deum verùm de Deo vero.* Au demeurant les mesmes termes desquels par le commandement de l'Eglise vsa lors Berengarius, se treuuent en sainct Iean Chrysostome en l'homelie 60. au peuple d'Antioche, vers le commencement : disant que Iesus-Christ s'est donné à nous en ceste sorte, pour exciter en nous la charité, & pour nous monstrer son desir, se donnant non seulement à voir à ceux qui le conuoitent, mais à toucher, à mãger, à mettre la dent dans sa chair, à le receuoir en soy, & s'assouuir en luy. Et en l'Homelie 49. sur le 6. chapitre de S. Ieã, il reïtere le mesme. Paroles desquelles S. Ieã Chrysostome n'eust vsé s'il n'eust recogneu la reelle & corporelle presence de Iesus-Christ, soubs les symboles qui reçoiuent l'impression, & l'alteration dont il parle: où il faut remarquer, que tout ainsi comme il y a communication d'idiomes entre la nature humaine & la diuine, à cause de l'hypostase du Verbe en la personne de Iesus-Christ, pareillement il y a communication & rapport des paroles entre les especes sacramentales, & la chose contenuë soubs icelles, qui est le mesme corps du fils de Dieu: à raison de l'vnion sacramentale qui le rend present immuablement ausdites especes, iusques à leur essentielle consomption.

Au demeurant l'erreur de Berengarius fut cōdãnee par quatre Conciles assemblez à ceste occasion: sçauoir est celuy de Vercelles soubs Leon neufiesme: de Tours sous Victor secōd: de Rome sous Nicolas deuxiesme: & de Latran soubs Innocent troisiesme : opinion que le mesme Berengarius abiura souuentesfois, & signamment en la presence dudit Pape Innocent (homme de grandes lettres, & de vie irreprochable) du Patriarche de Hierusalem, & de Constantinople, de soixãte & dix Metropolitains, quatre cẽs Euesques, douze Abbez, trois cens Prieurs conuentuels, des Ambassadeurs de l'vn & l'autre Empire, Grec & Romain, des Orateurs, & des Roys de Hierusalem, de Frãce, d'Espagne, d'Angleterre, & de Cypre, abbregé de tout le monde Chrestien, qui composoit & formoit le Concile de Latran.

Vne autre fois il fut interrogé, touchant les endroits où il est dit, que Iesus-Christ est la pierre, le chemin, la porte, la lumiere, &

apres auoir reïteré les raisons pre-alleguées, il adiousta que Luther mesme paranymphe des erreurs de Caluin, auoit esté contrainct de confesser la force incomparable des paroles : *Cecy est mon corps*, & cita l'Epistre à ceux de Strasbourg, où Luther confesse qu'il ne pouuoit entendre les paroles. Cecy est mon corps, sinon proprement, d'autant qu'elles sont trop claires : & vn sermon de l'Eucharistie imprimé l'an 1597. Tout ainsi comme, dit-il, si Iesus Christ eust dit, Cecy que ie vous donne est pain & vin, tous eussent entendu ses paroles proprement, & non en figure : ainsi on ne peut doubter que ce qu'il a donné disant : Cecy est mon corps, Cecy est mon sang, ne soit vrayement, & son corps, & son sang.

Instance luy fut aussi faicte par l'authorité de quelques Peres qui nommment l'Euchariſtie, figure du corps. A quoy le Pere reſpondit, que ſi quelquesfois les Peres ont nommé la ſaincte Euchariſtie marque, figure, & ſymbole du corps, & ſang de Ieſus-Chriſt, ils n'ont pour cela deſnié la reelle preſence, & corporelle de Ieſus-Chriſt en ce Sacremẽt. Car comme la ſaincte Euchariſtie s'appelle Sacrement du corps & ſang du fils de Dieu, auſſi la peut-on nommer marque & figure du meſme corps nõ abſẽt, mais preſẽt reellement & de fait. Mais quoy (dit-il) Ieſus-Chriſt meſme n'eſt-il pas appellé par l'Apoſtre, eſcriuãt aux Hebrieux, figure de la ſubſtãce du pere: aux Coloſſiens, image de Dieu: & aux Philippiens, portant la forme & figure de l'homme? Tout ainſi donc que tres-abſurde ſeroit la conſequence de celuy qui voudroit inferer Ieſus-Chriſt n'estre ou vray Dieu, ou vray hõme, d'autant que l'Escriture l'appelle figure de l'vn & de l'autre, de mesme erronnée est la cõclusion du Ministre, & nulle l'illatiõ de tous les Sacramentaires, quãd ils nient la verité & la realité du corps de Iesus-Christ en l'Eucharistie, pource que quelques Peres l'ont appellé figure, marque, & Sacrement de son corps.

Vne autre fois on luy proposa le passage de saint Augustin chapitre douziesme, contre Adimantus: *Non dubitauit Christus dicere, hoc est corpus meum, cùm signum daret corporis sui.* Iesus-Christ voirement, dit le Pere, n'a point douté de dire: Cecy est mon corps, en donnant la figure de son corps, d'autant qu'il faisoit l'vn & l'autre, donnant son corps inuisible sous le signe visible, car autremẽt il ne l'eust donné par voie de Sacrement: derechef il dit que par le mot de figure, saint Augustin n'entendoit pas vne image separée, mais la figure conioint e à ce qui est figuré, autremẽt l'on pourroit prouuer par le mesme sainct Augustin que l'humanité de Iesus-Christ n'est pas ioincte au Verbe Eternel, veu qu'au liure des huictante trois questions, en la quarante deuxiesme il appelle Iesus Christ *Sacramentum filij Dei*, signe & marque du fils de Dieu.

Plus fort sembloit le passage que quelque autre luy proposa, tiré du mesme docteur au liure de *doctrina Christiana*, où il enseigne qu'il faut prendre & entendre la sainte Escriture par figure, lors qu'elle commande quelque chose horrible, comme quand nostre Seigneur nous ordonne de manger son corps: mais le Pere y respondit fort clairemẽt, disant que la figure ſe doit mettre là où eſt l'horreur. Or l'horreur n'eſt pas à manger, c'eſt à dire, aualler ſans alteration quelconque le corps du fils de Dieu : Mais elle y ſeroit s'il le falloit maſtiquer, briſer, luy rompre bras & iambes, enſanglãter ſes dents, & le digerer à la Cyclopique, ainſi que l'entendoient les Capharnaïtes. Et partant ſelon la reigle de ſaint Auguſtin, il eſt tres-vray, dit le Pere, que le corps de Ieſus-Chriſt n'eſt alteré, ny briſé qu'en ſa figure, qui eſt l'eſpece du Sacrement, ſur laquelle ſe reçoiuent toutes les alteratiõs, & tous les incõueniens que l'õ peut alleguer, & qui apporteroiẽt horreur s'ils eſtoient paſſiblemẽt appropriez au corps du fils de Dieu.

Remarquable fut auſſi la reſpõſe qu'il fit au ſieur de Chaumont, lors qu'il luy propoſa l'auctorité de S. Matthieu, qui ne fait aucune mention des deux coupes qui se treuuent distinguées euidemmẽt en saint Luc: Car il dit que ce n'estoit sans tres-pertinente raison, qu'Ezechiel auoit apperceu les quatre Euãgelistes en forme d'Aigle, de Taureau, d'Homme, & de Lyon. Pource que chacũn d'eux a sa propre excellence denotée par ces animaux. Saint Iean a volé plus haut que les autres, nous descriuant la diuinité du Verbe: aussi l'Aigle luy est attribué. Saint Mathieu represente son humanité, & sõ extractiõ tẽporelle sur tous autres: aussi la figure de l'Hõme aislé luy est appropriée. Le Lyõ dort les yeux ouuerts, & il a tousiours esté le hieroglyphe de force: De là viẽt qu'il denote S. Marc, qui sur tous autres Euãgelistes, nous a descrit le pouuoir que I. Ch. a eu de resusciter soy-mesme. S. Luc a le Veau, ou Taureau destiné au Sacrifice:

d'autant qu'il a expliqué plus amplement & plus clairement que tout autre, le Sacrifice de Iesus-Christ fait sur la Croix, & en l'Eucharistie. Et de là vient que comme on a principalement recours aux autres Euangelistes, quand il est question des mysteres susdits: Ainsi doit-on consulter saint Luc au fait de l'Eucharistie, & en l'Institution de la sainte coupe: ioinct qu'ẽ toute matiere, les Autheurs qui escriuent succinctement de quelque chose, doiuent estre expliquez par ceux qui la descriuẽt plus amplement, & plus distinctement: & en fin puis que saint Mathieu ne nie pas qu'il n'y ait eu deux coupes en la derniere Cene, & que saint Luc nous en enseigne deux, il n'est pas raisonnable (dit le Pere) que le silence de l'vn nuyse à la parole de l'autre.

I'irois à la Messe (luy dit quelqu'vn) si ie la trouuois dans la Bible Ou vous parlez du nom (dit le Pere) ou de la chose mesme. Si du premier, il est au Deuteronome 16. & au 23. du Leuitique : là où vous trouuerez que le sacrifice de chair entouré de pain, est appellé *Missah Ntabah.* Si vous parlez du second, l'institution de la Messe se trouue aux trois Euangelistes, saint Matthieu, sainct Marc, & saint Luc.

Monstrez-moy, dit le Postulát, que Iesus-Christ ayt dit la Messe, & les Apostres apres luy. Il est biẽ aisé (dit le Pere) pourueu que vous presupposiez que la Messe n'est point l'aube, la chasuble, le *Kyrie eleison*, le *Gloria*, le *Credo*, ny autres telles appartenances, dont l'Eglise seulement se sert pour accompagner & releuer vn si grand mystere, pourueu aussi que vous sçachiez que la Messe consiste essentiellement en la consecration & consomption de l'hostie, qui fut faicte par Iesus-Christ, & ses Apostres, quand il print le pain, le benit, & le rompit, & le leur bailla, disant: *Prenez, mangez, Cecy est mon corps.* Et pource qu'il adiousta: *Faictes cecy en memoire de moy.* En ce peu de mots il leur donna le pouuoir de faire ce qu'il auoit fait, & quant & quant leur enseigna la maniere de le faire, qui est auec remembrance, & commemoration de sa passion, & de l'effusion de son sang. Ce que l'Apostre appelle, *Annoncer la mort du Fils de Dieu iusques à ce qu'il vienne.* Aussi le Prestre disant Messe, est habillé: Premierement de l'amict, ou linge entour la teste, qui signifie le voile que les Iuifs meirent deuãt les yeux de nostre Seigneur, quãd ils le buffetoient la nuict en la maison de Caïphe. Et l'aube, qui repreſente la robbe blanche qu'Herodes luy fit reueſtir. Troiſieſmement il eſt ceinct d'vn cordon, & a le fanon, ou manipule au bras gauche, & l'eſtole au col, pour denoter les diuerſes cordes, ou liens dont il fut lié & garrotté au iardin, à la colomne, & en tant d'allées & venuës d'Anne à Caïphe, de Pilate à Herodes. Et deſſus tout cela la chaſuble qui repreſente la Croix que noſtre Seigneur porta au mont de Caluaire. Quant à la tonſure qu'il a à la teſte, elle ſignifie la coronne d'eſpines qui fut miſe ſur le chef de Ieſus-Chriſt. L'Autel eſt cõme le mont de Caluaire, & les Corporaux & nappes ſont en lieu des linges & ſuaires, dans leſquels il fut enueloppé & enſeuely: ainſi de tout le ſurplus de l'action Liturgique. Or que les Apoſtres ayent celebré la ſaincte Meſſe, trois paſſages de l'Eſcriture en font foy: le premier eſt aux Actes, chapitre 13. où ſainct Luc a laiſſé par eſcrit, parlant d'eux, λειτουργούντων δὲ αὐτῶν τῷ κυρίῳ, ce qu'Eraſme a traduit, *pendant qu'ils ſacrifioient au Seigneur*. Le ſecond eſt en la premiere aux Corinthiens chapitre 10. où l'Apoſtre met l'Euchariſtie & Antitheſe auec les anciens ſacrifices de la Gentilité, oppoſant l'Autel de Dieu à celuy des Demons, & leur enſeignant qu'ils ne faiſoient pas bien de manger de ce qui eſt offert en la table de Dieu, & de ce qui eſt ſur celle du diable, & partant qu'ils euſſent à s'abſtenir des Idolothytes. Et au même endroit il ſe met au nombre de ceux qui conſacrent, quand il dit: *Le Calice de benediction que nous beniſſons, n'eſt-ce pas la Communion du ſang de Ieſus-Chriſt?*

Le troiſieſme eſt en l'Epiſtre

aux

aux Hebrieux treiziesme : *Nous auons vn Autel duquel n'ont puissance de manger ceux qui seruent au Tabernacle* : par lesquelles paroles on voit que l'Apostre contrepointe l'Autel Euangelique au Mosaïque : & de ce mesme lieu on iuge manifestement qu'au chapitre 5. de la mesme Epistre il ne parle des Leuites seulement : mais aussi des Sacrificateurs de la Loy Euangelique, quand il dit que, *Tout Sacrificateur doit offrir premierement pour ses pechez, & apres pour ceux du peuple*. D'où aussi il appert, dit le Pere, que ce sacrifice n'est pas seulement Eucharistique, latreutique, & catadeïtique, c'est à dire d'actiõ de grace, d'adoration, & d'impetratiõ; mais aussi cathartique, c'est à dire expiatoire & propitiatoire.

I'aduouë que ceste preuue me fortifia grandemẽt, d'autãt qu'elle me sẽbla tres-claire & tres-expresse, & pour m'en ayder ie suppliay le Pere d'y adiouster les tesmoignages des saincts Peres qui ont vescu dans les cinq premiers siecles : ie les escriuis doncques soubs luy, comme s'ensuit.

Sainct Ambroise liure 5. de ses Epistres en la 33. *I'ay commencé à dire la Messe & prier Dieu à l'heure de l'oblation.* Et au liure 4. des Sacremens chapitre 6. il rapporte vne partie du Canon de la Messe.

Sainct Hierosme (ou le venerable Bede) sur le chapitre 11. des Prouerbes : *Il y en a qui peuuēt estre absous des pechez legers, dont ils estoient chargez deuant leur mort, par les prieres des viuans, & par aumosnes : mais principalement par la celebration des Messes.* Et afin que l'on ne recoure à la Messe des Cathecumenes, de laquelle parle sainct Augustin au sermon 237. Isidore au liure 6. des Etymologies chapitre 19. expoſe la differē-ce qu'il y auoit entre la Meſſe des Cathecumenes, & celle des fidelles, en ces termes: *La Meſſe des Cathecumenes eſt iuſques à la fin du ſermō, qui ſe fait apres la lecture de l'Euangile: la Meſſe des fidelles dure iuſques à la fin du tout.*

S. Auguſtin au liure du biē de la perſeuerance, en remarque auſſi vne partie de la Meſſe, & deuant lui S. Cypriã en l'expoſitiō de l'Oraiſon Dominicale, & plus amplemēt que tous deux, S. Cyrille en la Catecheſe 5. myſtagogiq; où il dit entre autres choſes: *Nous priōs le Dieu tres-clemēt d'ēuoier ſon S. Eſprit, pour faire que le pain ſoit le corps, & le vin ſoit le ſang de Ieſus-Chriſt. Car ſans doute ce que le ſaint Eſprit touche, il le ſanctifie, & tranſmuë.* Apres il expoſe partie de ce qui ſe fait, & ce qui ſe dit en la Meſſe, & notamment la

De bono perſ. ch. 13

preface & le trisasion, sans y oublier l'inuocation des Saincts, & la priere pour les morts.

Le mesme sainct Augustin au sermon 91. du Temps, dit ces mots: *En la lecture qui nous sera faicte à la Messe, mes tres-chers freres, &c.*

Et au Sermon 251. par deux fois. *Et ce qui est encores plus detestable, quelques-vns venans à l'Eglise, n'entrent pas, ou ils n'attendent pas en silence la celebration des sainctes Messes, &c.*

Ces Sermons sont ou de saint Aug. ou d'vn anciẽ Autheur

Et peu apres en la mesme page. *Les puissans de ce monde venãs à l'Eglise ne sont points deuots, pour celebrer les loüanges de* Dieu *: mais ils contraignent le Prestre de depescher la Messe, & de chanter à leur fantasie.*

Le mesme au liure 9. de ses Cõfessiõs chap. 11. recitant le trespas de sa mere, dit, d'auoir ouy ces dernieres paroles de sa bouche en l'extremité de maladie : *Mettez ce corps là où il vous plaira, que le soin d'iceluy ne vous en trouble point.* Ce qu'elle dit, non pas par mespris de la sepulture, cõme S. Augustin le mõtre incontinent apres: mais en respõse du regret qu'auoit signifié le frere de S. Augustin, se plaignant de ce que leur mere ne seroit enseuelie en leur pays d'Afrique. Et adiousta: *Ie ne vous demande qu'vne chose, c'est que vous ayez memoire de moy, quand vous serez à l'Autel.*

Et au chapitre 12. racõtãt les funerailles, & representãt les prieres qui furẽt faites pour sõ ame desia passée, S. Augustin dit: *Voyla que pẽdãt que l'on porte le corps, ie vay & viens sãs mouiller l'œil, ie tiẽs bõ, tant à l'heure du sacrifice de nostre Redemption qui fut offert pour elle, que quand le corps fut porté selon la coustume, à la bouche du sepulchre.*

Et au chapitre 13. apres auoir dit,

parlant à Dieu : *Ie te supplie maintenant pour les pechez de ma mere, exauce moy, Seigneur, par la medecine de nos playes* : il adiouste : *Car l'heure de sa mort s'approchant, elle n'eust pas soucy de faire somptueusement couurir ou embaumer son corps, ny de se faire releuer en tombeau eminent : vne seule chose elle nous recommanda, sçauoir est que nous eussions memoire d'elle à vostre Autel : auquel tous les iours de sa vie elle auoit seruy, & duquel elle sçauoit estre dispensée la sainte victime qui a cancellé l'obligation qui nous estoit contraire : Qu'elle repose doncques en paix auec son mary, deuant lequel, & apres lequel elle a esté solitaire.*

Et sur la fin il prie Dieu d'inspirer à tous ceux qui ietteront les yeux sur ses escrits, de prier à l'Autel pour les ames de feu son pere Patrice, & de feu sa mere Monique.

Le mesme au 22. de la Cité de

Dieu ch.8. recite vn miracle operé en vertu du S. sacrifice de l'Autel: voicy ses paroles: *Le Capitaine Hesperie, qui demeure entre nous, a vne mestairie au terroir de Fuzale, nōmée Lubedi, laquelle estoit habitée par de Lutins & Furōs, & tant sō bestail que ses seruiteurs estoiēt souuent endōmagez par ces malins esprits. il pria dōc (moy estāt absēt) nos Prestres, que quelqu'vn d'eux y allast, afin que par leurs oraisōs ces esprits vuidassēt: il y en eut vn lequel s'y transporta, & offrit le Sacrifice du corps de Iesus Ch. priant à son poßible qu'il pleust à Dieu de faire cesser ceste vexation: ce qui aduint par la misericorde de Dieu, car elle cessa incontinent.*

Et en l'enarration premiere sur le Pseaume 33. le mesme sainct Augustin amplement, clairemēt, & du tout admirablement, selon la version des Septante, expose ce qui se passa entre Dauid, &

le Roy Achis, l'appropriant à ce que nous croyons de la ſainte Euchariſtie, diſant que les paroles: *Il eſtoit porté de ſes mains*, n'ont pas eſté litterallement verifiées en Dauid: mais en la perſonne de Ieſus-Chriſt, lors qu'il donna ſon corps à manger: *Car lors*, dit-il, *il portoit ce meſme ſien corps entre ſes mains*.

Et au 10. de la Cité de Dieu ch. 20. cõcluãt que les anciens ſacrifices ont eſté la figure de celuy-cy, il l'appelle, *Le cõtinuel & iournalier ſacrifice de l'Egliſe: Partãt*, dit-il, *il eſt auſſi le Preſtre, l'offrant, & l'oblation: en quoy il a voulu que le ſacrement fuſt le iournalier ſacrifice de l'Egliſe*.

Ayant leu & releu ces paſſages, ie priay le Pere Coton de m'en ſpecifier quelques autres, en preuue de la tranſubſtantiation, & il me donna ceux qui ſuiuent.

S. Ignace viuoit dans la premiere centaine d'années apres noſtre Seigneur , lequel parlant des biſayeuls de ceux qui nous contrediſent auiourd'huy, eſcrit en l'Epiſtre *Ad Smyrnenſes*, chez Theodoret, Dial.3.& dit.

L'Euchariſtie eſt la chair de noſtre Sauueur & Seigneur Ieſus-Chriſt, laquelle a enduré pour nos pechez , & qui a eſté affranchie par le Pere , des loix de toute mortalité.

Saint Iuſtin peu apres le premier ſiecle, en l'Apologie ſeconde, *Ad Antoninum*, vers la fin.

Nous ne prenons vn pain vſité, ny vn breuuage ordinaire: mais tout ainſi que le Verbe diuin s'eſtant fait homme , à ſçauoir Ieſus-Chriſt, a eu chair & ſang: de meſme la viande , laquelle eſt conſacrée par les prieres verbales, & que nous auons receuë de luy, eſt ſa chair , & ſon ſang, nous l'auons ainſi appris, & le tenons de la tradition des Apoſtres.

S.Irenee en mesme siecle, liure quatriesme chap. 34.

Comment leur apparoistra-il que le pain sur lequel graces ont esté rendues, soit le corps du Seigneur?

Tertullian au liure de la Resurrection, qu'il escriuit il y a quatorze cens ans.

Nostre chair mange le corps, & boit le sang de Iesus-Christ, afin que l'ame soit engraissee de Dieu.

Sainct Cyprian estoit au mesme second siecle, voicy ses paroles au sermon *De Cœna Domini.*

Ce pain que nostre Seigneur tẽdoit à ses Apostres, par la toute-puissance du Verbe deuint chair, changé non en sa figure, mais en sa substance.

S. Cyrille Hierosolymitain en la Catechese quatriesme Mystagogique enseignoit son peuple dans le troisiesme siecle, en ces termes: *Puis que Iesus-Christ mesme a dit du pain, Cecy est mõ corps, qui doutera de-*

ſormais que ce ne le ſoit? & le meſme ayant confirmé & dit, Ceſtuy eſt mon ſang, qui di-je, le reuoquera en doute, & oſera dire que ce ne ſoit pas ſon sãg?

Le meſme, au meſme endroict.

Receuõs auec toute aſſeurance le corps & le ſang de Ieſus-Chriſt, car ſoubs l'eſpece du pain le corps t'eſt donné, & ſoubs l'eſpece du vin, le ſang.

Et derechef.

Sçachant cela, & le tenant pour tres-certain, que ce qui nous ſemble pain, n'eſt pas pain, ores que le gouſt l'apperçoiue, & le iuge eſtre tel.

S. Ambroiſe contemporain de ſainct Cyrille au liure des Initiez, chap. 9.

Combien aurons nous de preuues pour montrer que ce n'eſt point ce que la Nature a formé, mais bien ce que la benediction a conſacré? & que plus grãde eſt la force de la benedictiõ que de la Nature, puis que la Nature même eſt changee par la benediction.

Le mesme, au liure 4. De *Sacramentis*. chap. 5.

Deuant que l'on consacre, c'est du pain, mais apres la parole de Iesus-Christ, c'est le corps de Iesus-Christ.

Et peu apres.

Deuant la prolation des paroles, le calice cõtient le vin & l'eau. Apres que les paroles de Iesus Christ ont operé, là se fait le sang qui a racheptè le peuple.

Le mesme là mesme.

Ie te dy deuant la consecration, ce n'est que pain, apres la consecration c'est le corps de Iesus-Christ.

Sainct Gregoire de Nysse qui viuoit aussi au troisiesme siecle, en l'oraison sur saint Iean Baptiste.

Le pain au commencemẽt est pain, mais depuis qu'au mystere il est sanctifié, il est & de fait, & d'appellation le corps de Iesus-Christ.

Et en la grande Oraison Catechetique. *Nous croyõs ainsi qu'il faut, quand nous estimons & disons que le pain sanctifié par la parole de Dieu est changé au corps de Dieu Verbe.*

S. Cyrile Alexandrin en l'Epistre *ad Calosyrium*.

Afin que nous n'eußions horreur de la chair, & du sang qui sont mis sus l'Autel, Dieu condescendant à nostre fragilité, fait couler la force de vie sur les choses presentes, les muant & changeant en la verité & realité de sa propre chair.

S. Iean Chrysostome en l'hom. 83. sur S. Mathieu

Croyons en toutes choses à Dieu, & ne luy repugnons point. Car si ce qu'il dit semble absurde à nostre sens, & à nostre iugement, sçachons que sa parole surpasse l'vn & l'autre, & qu'elle ne nous peut tromper, ains que nostre sens fort facilemẽt est deceu. Partant puis qu'il a dit, Cecy est mõ corps, n'en doutons aucunemẽt, mais croyõs & regardons la chose auec les yeux de l'entendement. Estant chose toute claire que les yeux du corps ne l'y descouurent pas.

En l'homelie *de Eucharistia in Enceniis.*

Que penses tu de voir, du pain? du vin? Cuides-tu que ceste viande laisse ses excremens à la guise des autres? A Dieu ne plaise que tu l'estime ainsi, garde toy d'entrer en ceste opinion. Car ne plus ne moins que la cire se change au feu qui la consume, & perd sa propre substance: ainsi les mysteres proposez sont consumez par la substance du corps.

Eusebe Emissene en l'homelie cinquiesme *de Paschate.*

Le Prestre inuisible change les creatures visibles par sa parole & puissance secrette, en la substance de son corps & de son sang.

Quand les creatures qui doiuent receuoir la benediction, se mettent sur le saint autel, deuant qu'elles soyent consacrées par l'inuocation de la di-

uine puiſſance, il n'y a que la ſubſtance du pain & du vin. Mais apres les paroles de Ieſus-Chriſt, le corps y eſt, & le ſang de Ieſus-Chriſt: mais ce n'eſt pas de merueille s'il change par ſa parole les choſes qu'il a peu produire de neant, par ſa ſeule parole.

S. Auguſtin au Sermon 28. *De verbis Domini.*

Ie vous ay dit, que deuant les paroles de Ieſus-Chriſt, ce qui eſt offert s'appelle pain: mais qu'apres la prolation des paroles, cela ne ſe dit plus eſtre pain, mais le corps: car autremẽt pourquoy diſons-nous en l'Oraiſon Dominicale Noſtre pain? il l'appelle pain, il eſt vray, mais pain ſurnaturel, & ſubſtantiel: pain qui donne non l'eſtre au corps, mais la nourriture à l'ame.

Le meſme cité par Bede ſur le chap. 10. de la 1. aux Corinthiens.

Ce n'eſt pas toute ſorte de pain qui deuient le corps de Ieſus-Chriſt, mais celuy qui reçoit la benediction d'iceluy.

Le meſme en l'Epiſtre 118.

Il a ainsi semblé bon au S. Esprit pour le respect d'vn si grand Sacrement, que Sacrement, que l'on receust à ieun le corps du Fils de Dieu, & que ce fust la premiere viande qui entre en nostre bouche.

Pour conclusion ie dois icy inserer vne plainte que i'ay souuent ouy faire au pere Coton, de ce que iusques à present les Catholiques ont tousiours esté sur la deffensiue, & ceux de la Religion pretenduë reformee, tousiours sur l'offensiue : estant du tout raisonnable que chacun à son tour du moins vne fois en sa vie rende raison de sa foy. Et dautant que l'Escriture saincte est la pierre qu'ils appellent de touche, que ce soit par elle, sans adiouster ny diminuer, que la preuue en soit faicte. Car de fanfarer l'Escriture saincte Euangile, Euangile, & n'en produire aucun texte, c'est le mesme que de dire Seigneur, Seigneur, & n'entrer point au Royaume des Cieux. Voyons donc, disoit-il, si en maximes de controuerse on peut faire le mesme, que nous ferons, qui est d'alleguer vn, ou plusieurs passages de l'Escriture vis à vis de la proposition, que desormais on se tienne à ceste preuue, & que la Religion à qui defaudra la parole de Dieu soit desormais reiectee, condamnee, & anathematisee de tous.

PREVVES PAR L'ESCRITVRE DV CONtenu en la foy Catholique.

Adressee à tous les Ministres de la parole de Dieu reformee, à condition de produire autant de textes pour la negatiue de leurs assertions, qu'ils en trouueront icy pour l'affirmatiue des nostres, & à l'opposite

Que l'ame de Iesus-Christ descendit en vn troisiesme lieu pour en retirer les Peres.

AVx *Actes*. 2. 27. Parce que tu ne delaisseras point mon Ame en Enfer, & ne permettras point que ton Sainct voye la corruption.

Aux Ephesiens. 4. 9. Or ce

qu'il eſt monté, qu'eſt-ce autre choſe ſinon que premierement il eſtoit deſcendu és parties plus baſſes de la terre?

En la premiere de ſainct Pierre. 3. 19. Par lequel auſſi eſtant allé il a preſché aux eſprits qui eſtoient en chartre. *Et le Symbole des Apoſtres*, il a eſté crucifié, mort & enſeuely: Il eſt deſcendu aux enfers.

Que la tres-ſaincte Vierge mere de Dieu a eſté exempte de tout peché.

A*V Pſeaume* 45. 5. Le ſouuerain a ſanctifié ſon tabernacle.

Es Cantiques. 4. 7. Ma bien aymee, tu es toute belle, & aucune tache n'eſt en toy.

En ſainct Luc 1. 28. Ie te ſaluë pleine de grace, le

Seigneur est auec toy, tu es benisté entre toutes les femmes.

Qu'elle soit demeuree tousiours Vierge.

EN *Ezechiel* 44. 2. Et le Seigneur me dit : ceste porte sera fermee, elle ne sera pas ouuerte, & homme ne passera point par icelle, parce que le Seigneur Dieu d'Israël est entré par icelle, & sera fermee.

Qu'il y a distinction d'ordre entre les Anges.

EN *Esaye* 6. 1. Et l'an auquel mourut le Roy Ozias, Ie vis le Seigneur seant sur vn siege haut & esleué, & les choses qui estoient dessous luy remplissoient le Temple.
2. Les Seraphins se tenoient au dessus de luy, vn chacun d'eux

auoit ſix aiſles: de deux ils couuroient leur face, & de deux ils
couuroient leurs pieds, & de deux
voloient.
3. Et crioyent l'vn à l'autre, & di-
ſoient, Sainct, Sainct, Sainct eſt le
Seigneur des armees.

En la Geneſe 3.24. Ainſi il de-
chaſſa l'homme: & le fit habiter
vis à vis du iardin de delices, & col-
loqua vn Cherubin deuant le iardin de volupté, & vn glaiue flam-
boyant & voltigeant ça & là pour
garder la voye de l'arbre de vie.

Aux Coloßiens 1. 16. Car en luy
ont eſté creées toutes choſes qui
ſont és Cieux & qui ſont en la terre viſibles & inuiſibles, ſoient les
Throſnes, ou les Dominations,
ou les Principautez, ou les Puiſſances, toutes choſes ſont creées
par luy, & pour luy.

Aux Epheſiens 1.20.21. Et fait ſeoir
à ſa dextre és *lieux* celeſtes: par

dessus toute Principauté, & Puissance, & Vertu, & Seigneurie, & tout nom qui est nommé nō seulement en ce siecle, mais aussi en celuy qui est à venir.

En Iude 9. Toutesfois Michel l'Archange, quand il debattoit disputant auec le diable touchant le corps de Moïse.

En l'Exode 14. 19. Et l'Ange de Dieu qui alloit deuāt l'ost d'Israël.

Pseaume 89. 11. Car il a donné charge à ses Anges de toy, afin qu'ils te gardēt en toutes tes voyes

Actes 12. 7. Et voicy vn Ange du Seigneur assista, & vne lumiere resplendit en la prison, & frappa le costé de Pierre, & l'esueilla, disant: leue toy hastiuement, & les chaines cheurent de ses mains.

Que les vns soient Superieurs aux autres.

D*Aniel* 10. 13. Mais le Prince du Royaume de Perse a resisté contre moy vingt & vn iours, & voicy Michaël l'vn des Princes est venu à mon ayde, des premiers, & le laissay là auprés du Prince du Roy des Perses.

Que chacun ait son Ange particulier.

S*Ainct Matthieu* 18. 10. Prenez garde que vous ne mesprisiez vn de ces petits, car ie vous dis que leurs Anges voyent és Cieux tousiours la face de Dieu mon Pere.

Actes. Ils luy dirent, tu es folle, mais elle au contraire affermoit qu'il estoit ainsi, & eux disoient, c'est son Ange.

Que nous le pouuons inuoquer.

G*Enese*. L'Ange qui m'a garãti de tout mal, benie ces enfans.

Tobie. Et son pere luy dit, va t'en auec cet homme. Que Dieu qui habite au Ciel adresse vostre voyage, & l'Ange de Dieu vous tienne compagnie.

Qu'ils prient pour nous

Z*Acharie.* Adonc l'Ange de Dieu respondit, & dit, Dieu des armees iusques à quand n'auras tu point de compassiõ de Hierusalem & des villes de Iuda, contre lesquelles tu as esté indigné, ceste cy est la soixante & dixiesme annee?

Tobie. Quand tu priois auec larmes ie presentois la memoire de vostre oraison à Dieu.

En l'Apocalypse. La fumee des parfums auec les prieres des Saincts mõta de la main de l'Ange deuant Dieu.

Qu'ils cognoissent l'estat auquel nous sommes.

S*Ainct Luc.* Aussi vous dis-je, qu'il y aura ioye deuant les Anges de Dieu sur vn pecheur qui fera penitence.

Que les saincts en gloire prient pour nous.

S*Ainct Pierre.* I'estime que 2.p.1.
c'est chose iuste, tandis que ie 13.14.15.
suis en ce tabernacle, de vous esueiller par aduertissement, sçachant qu'en brief i'ay à desloger, comme nostre Seigneur mesme le m'a declaré: mais ie mettray peine aussi apres mon decez que chacun de vous puissiez auoir continuellement memoire de ces choses.

En sainct Luc. Le riche glouton 16.27.28.
prie pour ses freres.

Que les ames des saincts apparoissent quelquesfois.

A*V premier des Roys.* Samuel 28.15.
predit à Saül les choses à venir, & que ce fut luy, non vn demõ, l'Ecclesiastique le tesmoigne.

En sainct Matthieu. Moyse & Helie 17.3.
apparurẽt parlans à Iesus-Christ.

Que le bon vſage des Images eſt receuable.

EN l'*Exode*. Tu feras deux Cherubins d'or,&tu les feras d'ouurage duit au marteau, tirez des deux bouts du Propitiatoire,&les Cherubins eſtendront les ailes en haut couurans de leurs ailes le Propiciatoire, & leurs faces ſeront vis à vis l'vne de l'autre, & le regard des Cherubins ſera vers le Propitiatoire.

Nombres. Moyſe donc feit vn ſerpent d'airain,& le meit ſur vne perche, & aduenoit que quand quelque ſerpent auoit mordu vn homme, il regardoit le ſerpent d'airain, & il eſtoit gueri, figure que Ieſus-Chriſt rapporte à ſa Croix en ſainct Iean.

En l'hiſtoire des Roys. Puis on graua les ais des tenons & des chaſſis de chaque ſoubaſſement, des figures de Cherubins, de Lyons & de Palmes, selon le plant de chaque tenon & corniche à l'entour.

Qu'il y a des lieux de deuotion où il plaist à Dieu de communiquer ses graces plustost qu'ailleurs.

A*V Deuteronome.* Tu ne pourras point sacrifier la Pasque en aucun lieu de ta demeure, que le Seigneur tõ Dieu te dõne, mais au lieu que l'Eternel tõ Dieu aura choisi pour y colloquer son nom.

Au premier des Roys. Elcana montoit de sa cité à certains iours pour adorer & sacrifier au Dieu des armees en Silo.

Au second. Aduint donc qu'au bout de quarante ans, Absalon dit au Roy, ie te prie que ie m'en aille, & que ie rende mon vœu que i'ay voüé au Seigneur en Hebron, & le Roy luy respõdit, va en paix; il se leua dõc, & s'en alla en Hebron.

2·3·4· *En sainct Iean.* Il y auoit en Hierusalem au marché aux moutons vn lauoir qui est appellé en Hebrieu Bethesda, ayant cinq porches, esquels gisoit grande multitude de malades, aueugles, boiteux & perclus, attendans le mouuement de l'eau, car vn Ange descendoit en certain tẽps au lauoir, & troubloit l'eau, & lors le premier qui descendoit au lauoir apres le troublement de l'eau, estoit gueri de quelque maladie qu'il fust detenu.

Qu'il y a des iours de feste consacrez à la memoire des benefices de Dieu, qui doiuent estre gardez.

16·22· EN *Esther.* Le treiziesme du mois d'Adar est ordonnee la feste de deliurance.

4·59· *Au premier des Machabees.* Et Iuda auec ses freres & toute l'Eglise d'Israël ordonnerẽt que les iours de la dedicace de l'Autel fussent celebrez d'an en an, en leur temps par l'espace de huict iours en ioye & liesse, depuis le vingtcinquiesme iour du mois de Casleu.

Actes. Paul se hastoit d'estre s'il luy estoit possible le iour de Pentecoste en Hierusalem.

Que la Sapience de Salomon soit liure canonique

E*Lle est citee par sainct Paul aux Romains.* Qui est ce qui a cogneu la pensee du Seigneur? ou qui a esté son conseiller? passage prins du neufiesme de la Sapiẽce.

Que l'Ecclesiastique le soit.

S*Ainct Pierre en la premiere en tire ces paroles.* Toute chair est comme l'herbe, & toute la gloire de l'homme est comme la fleur du foin, l'herbe est seichee & la fleur est cheute.

Et sainct Iacques. Que le riche

au cõtraire en ſa baſſe condition, car il paſſera cõme la fleur de l'herbe, paſſage tiré du meſme endroit Et ſi la citation faicte par les Apoſtres des ſuſdits liures ne ſemble à quelqu'vn conclure qu'ils ſoient authentiques, l'authorité de l'Egliſe le doit faire comme ſuit.

Que l'hiſtoire de Heſter, Tobie, Iudith, Baruc, l'epiſtre de Hieremie, les reſtes de Daniel, & les Machabees ſont authentiques.

EN *ſainct Matthieu*. Qui n'eſcoutera l'Egliſe qu'il te ſoit comme vn Payen, & comme vn Publicain. Or le denombrement s'en trouue en la ſeſſion quatrieſme du Concile de Trente, auec Anatheme contre les oppoſans.

Que la saincte Escriture est en plusieurs endroits difficile à comprendre.

ISaie. Et toute vision vous sera 29. 11.
comme les paroles d'vn liure cacheté qu'on bailleroit à vn hõme qui sçait lire, disant, Nous te prions, ly cecy: & il respondroit, ie ne sçaurois, car il est cacheté.

Daniel. Mais toy Daniel, clos 12. 4.
ces paroles, & cachete ce liure iusques au temps de l'accomplissement, iusques à ce que plusieurs soyent enseignez, & la science soit multipliée de plusieurs sortes

Actes. Adõc l'esprit dit à Philip- 8. 29.
pe, approche toy, & te ioins à ce 30. 31.
chariot: & Philippe accourut, & l'oüit qu'il lisoit le Prophete Esaïe & luy dit, mais entends tu ce que tu lis? lequel dit, & comment le pourrois-ie entendre si quelqu'vn ne me guide? & il pria Philippe de monter, & s'asseoir auec luy.

Sainct Paul Parlant des Iuifs aux Corinthiens. Car iuſques à ce iourd'huy le meſme voile demeure en la lecture de l'ancien Teſtament ſans eſtre oſté, lequel eſt aboly par Ieſus-Chriſt.

Sainct Pierre en la ſeconde Epiſtre. Cõme auſſi nôtre aymé frere Paul vous en a eſcrit ſelon la ſapience qui luy en a eſté dõnee, cõme celuy qui en toutes ſes Epiſtres parle de ces poincts, entre leſquels il y a des choſes difficiles à entendre que les ignorants & mal aſſeurez tordent, comme auſſi les autres Eſcritures, à leur propre perditiõ.

Que ce n'est aux particuliers de l'interpreter à leur mode.

S*ainct Pierre.* Cela en premier lieu deuõs nous entẽdre, que nulle prophetie de l'Eſcriture n'eſt d'interpretatiõ priuée, car la prophetie ne fut iamais apportee par la volonté humaine, mais les hommes de Dieu estans poussez du sainct Esprit, ont parlé.

En la premiere aux Corinthiens. Tous sont-ils Apostres? tous sont ils Prophetes? tous sont-ils Docteurs? tous sont-ils ayans vertus? tous ont-ils le don de guerison? tous parlent-ils diuersité de langues? tous interpretent-ils?

Que toute puissance vient de Dieu, obeissance & fidelité est deuë aux Rois, & à ceux qui tienent l'authorité de luy.

A*Vx Prouerbes.* Par moy regnent les Rois, & les Princes decernent iustice.

Salomon en sa Sapience parlant aux Rois leur dit. Puissance vous a esté donnee par le Seigneur, & principauté par le souuerain, lequel enquestera de vostre vie, & sondera vos pensees.

E*n sainct Iean* Iesus-Christ parla à Pilate, Tu n'aurois aucune puisſance ſur moy, ſi elle ne t'eſtoit donnee d'enhaut.

Saint Paul aux Romains. Que toute perſonne ſoit ſubiette aux puiſſances ſuperieures, car il n'y a point de puiſſance qui ne vienne de Dieu, & les puiſſances qui ſont en eſtat ſont ordonnees de Dieu. Parquoy qui reſiſte à la puiſſance, reſiſte à l'ordõnance de Dieu, & ceux qui y reſiſtent feront venir condemnation ſur eux meſmes.

A Timothee. Il veut que l'on prie pour eux: *Et à Tite*, il les admoneſte qu'ils ſoiẽt ſubiets aux Principautez & puiſſances, qu'ils obeïſſent aux gouuerneurs, qu'ils ſoient preſts à toute bõne œuure.

Saint Pierre. Rẽdez vous ſubiets à tout ordre humain pour l'amour de Dieu; ſoit au Roy, cõme à celuy qui eſt par deſſus les autres; ſoit aux gouuerneurs, comme à ceux qui ſont enuoyez de par luy pour exercer vengeance ſur les malfaicteurs, & à la loüange de ceux qui font bien.

Que leur payer Tailles & tribut eſt acte de religion.

EN *ſaint Matthieu*. Rendez à Ceſar ce qui eſt de Ceſar, & à Dieu ce qui eſt à Dieu.

Aux Romains. Rendez à tous ce qui leur eſt deu, à qui le tribut le tribut, & à qui peage le peage; à qui crainte, la crainte: & à qui l'honneur, l'honneur.

Qu'il n'eſt loyſible d'en meſdire.

EN *l'Exode*. Tu ne meſdiras point des Iuges, & tu ne maudiras point le Prince de tõ peuple.

Saint Pierre. Portez honneur à tous, aymez fraternité, craignez Dieu, honnorez le Roy; & vous ſeruiteurs, ſoyez ſuiets en toute crainte à vos Maiſtres, non ſeulement aux bons & equitables, mais auſſi aux faſcheux.

Que sainct Pierre ayt esté le premier des Apostres.

EN *sainct Mathieu.* Les noms des 12. Apostres sont ceux cy, le premier Simon dit Pierre.

En *sainct Iean.* Iesus commença de lauer les pieds à ses Disciples, il vint donc à Simon Pierre.

Aux Actes. Il prescha le premier aux Iuifs apres la descẽte du sainct Esprit : ces choses ouïes ils eurent compunction de cœur, & ils dirent à Pierre & aux Apostres, Hommes freres que ferons nous? Le premier miracle fut fait par luy en la personne d'Enee.

Au Concile qui se tint par les Apostres il prononce la sentence le premier.

Sainct Paul vint conferer auec Pierre en Hierusalem.

Que Ieſus-Chriſt luy ayt donné ſa lieutenance ſur terre.

EN *ſainct Matthieu.* Et ie te donneray les clefs du Royaume des Cieux: Et tout ce que tu auras lié ſur terre, ſera lié és Cieux, & tout ce que tu auras deſlïé ſur terre, ſera deſlié és Cieux.

En ſainct Iean. Apres qu'ils eurent diſné, Ieſus dit à Simon Pierre, Simon fils de Iona, m'aimes-tu plus que tous ceux-cy? Il luy reſpondit, ouy vrayement, Seigneur, tu ſçais que ie t'ayme. Il luy dit, Pay mes Agneaux. Il luy dit encore derechef, Simon fils de Iona, m'aimes-tu? il luy reſpondit, ouy vrayement, Seigneur, tu ſçais que ie t'ayme: il luy dit, pay mes brebis. Il luy dit pour la troiſieſme fois, Simon fils de Iona m'aymes-tu? Pierre fut contriſté de ce qu'il luy auoit dit pour la troiſieſme

fois, m'aimes-tu? Parquoy il luy
respondit, Seigneur, tu sçais toutes choses, tu sçais que ie t'aime:
Iesus luy dit, pay mes brebis.
5.4. *Actes.* Sainct Pierre parlant à
Ananie, Qu'y auoit il pourquoy
tu deusse mettre cela en tõ cœur?
tu n'as point menty aux hommes, mais à Dieu.

Qu'il a eu asseurance que sa foy ne defaudra point.

22.31. En *S. Luc.* Aussi le Seigneur
32. dit: Voicy Sathan qui a de-
mandé instamment de vous cri-
bler cõme le bled, mais i'ay prié
pour toy que ta foy ne defaille
point.
16.17. En *saint Matthieu.* Et ie te dy aussi
que tu es pierre, & sur ceste pierre
i'edifieray mon Eglise, & les portes d'Enfer ne preuaudront à l'ẽ-
contre d'elle.

Que l'Euesque est plus que le Prestre.

A *Tite*. La cause pour laquelle ie t'ay laissé en Candie, c'est afin que tu poursuiues de dresser en bon ordre les choses qui restent, & que tu establisses des Prestres de ville en ville suiuant que ie t'ay ordonné, car il faut que l'Euesque soit irreprehensible comme œconome de la maison de Dieu.

Que Iesus-Christ a donné aux Prelats de l'Eglise le pouuoir d'absoudre & de remettre les pechez.

En *sainct Matthieu*. En verité ie vous dis, que ce que vous aurez lié sur terre, il sera lié au Ciel, & tout ce que vous aurez deslié sur la terre sera deslié au Ciel.

En sainct Iean. Et il leur dit derechef, Paix vous soit, comme mõ pere m'a enuoyé ainsi ie vous enuoye: Et quand il eut dit cela, il souffla sur eux, & leur dit, Receués le sainct Esprit, à quiconque vous pardonnerez les pechez, ils seront pardonnez; & à quiconque vous les retiendrez ils seront retenus.

2·cor·5·19· *Sainct Paul*, en la seconde aux Corinthiens, Dieu nous a reconcilié à soy par Iesus Christ, & nous a donné le ministere de reconciliation.

Qu'il leur a donné le pouuoir d'excommunier.

18·17· EN *sainct Matthieu*. Qui n'escoutera l'Eglise, tiés-le pour vn payen & peagier.

1·19·20 *En la premiere à Timothee*. Ayant foy & bonne conscience, laquelle quelques-vns ayans reiectée, ils ont faict naufrage quant à la foy, d'entre lesquels sont Hymenée & Alexandre, que i'ay liurez à Sathan, à ce qu'ils apprennent par le chaſtimẽt, à ne plus blaſphemer.

Et en la premiere aux Corinthiens. Vous, & mon Eſprit eſtans aſſemblez, au nom de noſtre Seigneur Ieſus-Chriſt, auec la puiſſance de noſtre Seigneur Ieſus-Chriſt, que tel ſoit liuré à Sathan, à la deſtruction de la chair, afin que l'Eſprit ſoit ſauué au iour du Seigneur Ieſus-Chriſt.

Ananie & Saphire ſa féme ſentirent l'effort & l'effet des paroles du Prince des Apoſtres aux Actes chapitre cinquieſme.

Qu'il leur a laiſſé le pouuoir d'vſer d'Indulgences.

T*out* ce que vous deſlierez ſur terre, ſera deſlié au Ciel.

Sainct Paul l'a pratiqué enuers celuy qu'il auoit excommunié en la deuxieſme aux Corinthiens, chapitre ſecond, remettãt à l'inceſtueux Corinthien la peine qu'il auoit demeritée; & que luy-meſme luy auoit infligee; cõme il appert en la premiere chapitre cinquieſme. Or à qui vous pardonnerez quelque choſe ie le pardonne auſſi; Car de ma part, ſi i'ay pardonné quelque choſe, à qui i'ay pardonné, ie l'ay faict à cauſe de vous en la perſonne de Ieſus-Chriſt.

Que nous pouuons ſatisfaire l'vn pour l'autre.

AVx *Coloßiens.* Ie m'eſiouis maintenant en mes ſouffrances pour vous, & accomplis ce qui defaut aux paſſions de Ieſus-Chriſt en ma chair, pour sõ corps qui eſt l'Egliſe.

Qu'en matiere de foy & de mœurs l'on se doibt tenir à la determination des Conciles.

DEuteronome. Quand la chose sera trop difficile à iuger entre meurtre, & meurtre ; entre cause, & cause ; entre playe, & playe ; & que tu verras de la varieté entre les iuges assis, entre les portes, lors tu te leueras, & monteras au lieu que le Seigneur ton Dieu t'a choisi, & viendras aux sacrificateurs qui sont de la race de Leui, & au Iuge qui sera en ce temps là, & t'enquesteras, & ils te diront ce que porte le droict, & tu feras de poinct en poinct ce que t'auront declaré ceux qui president au lieu que le Seigneur a choisi, & prendras garde à faire tout ce qu'ils t'auront enseigné.

En Malachie. Les léures du Prestre garderõt la science, & on

recherchera la loy de ſa bouche,
d'autant qu'il eſt le meſſager du
Dieu des armees.

18·20. *En ſainct Mathieu.* Là où il y aura
deux ou trois aſſemblez en mon
nom, ie ſuis au milieu d'eux.

16·4. *Aux Actes*, Paul, Silas & Timothee paſſants par les villes inſtrui-
ſoient de garder les dogmes de-
cretez par les Apoſtres, & par les
anciens qui eſtoient en Hieruſalem.

Que l'Egliſe deuëment repreſentee ès Conciles generaux aſſemblez ne peut errer.

15·28. AVx *Actes*. Il a ſemblé bon au
ſainct Eſprit & à nous.

5·25·26· *Aux Epheſiens.* Ieſus-Chriſt a ay-
27. mé l'Egliſe, & s'eſt donné ſoy-
meſme pour elle, afin qu'il la ſan-
ctifiaſt, la nettoyant par le lauement de l'eau, en la parole, & ſe la
rẽdiſt vne Egliſe glorieuſe, n'ayãt

tache, ny ride, ny autre telle choſe, ains afin qu'elle fuſt ſaincte & ſans macule.

En la premiere à Timothee. L'Egliſe de Dieu viuant eſt la colomne, & l'appuy de verité

En ſainct Matthieu, Dy-le à l'Egliſe, & s'il n'eſcoute l'Egliſe, tien le comme les Payens & Peagers.

Que l'on doit croire & obeir aux Prelats de l'Egliſe, encore qu'ils ſoyent mal viuans.

A*V Deuteronome.* L'homme qui ſe ſera enorgueilly pour ne point obeïr au commandemẽt du Preſtre, cet homme là mourra par l'ordonnance du Iuge, & tu oſteras le mal du milieu d'Iſraël.

En ſainct Mathieu. Adonc Ieſus parla aux troupes, & à ſes diſciples diſant, Les Scribes & Phariſiens ſont aſſis en la chaire de

Moiſe, toutes choſes donc qu'ils vous diront que vous gardiez, gardez-les, & les faictes, mais ne faictes pas ſelon leurs œuures; car ils diſent & ne font pas.

En ſainct Iean. Caïphe propheţiſa pource qu'il eſtoit le ſouuerain Preſtre.

Que ce n'eſt point aux Magiſtrats ſeculiers à decider les differents de la religion, ny aux laiz à iuger de ce qui regarde le ſeruice de Dieu.

LE *bon Roy Ioſaphat*, parlant au peuple, au ſecond des Chroniques, Amarias voſtre ſacrificateur, & Pontife, preſidera és choſes qui appartiennent à Dieu, & Zebadia fils d'Iſmael, cõducteur en la maiſon de Iuda, ſera intendant ſur ce qui regarde les affaires du Roy

S. Paul eſcrit aux Epheſiens; que

IeſusChriſt a donné, les vns pour eſtre Apoſtres; les autres, pour eſtre Prophetes; les autres, pour eſtre Euãgeliſtes; les autres, pour eſtre paſteurs, & Docteurs, & ce pour l'aſſemblage des Saincts, pour l'œuure du Miniſtere, pour l'edification du corps de Ieſus-Chriſt.

Que le franc arbitre eſt demeuré à l'homme, encore apres la cheute d'Adam.

E*N la Geneſe*, Dieu dit à Caïn: pourquoy t'es-tu deſpité, & pourquoy eſt deſcheuë ta face? Que ſi tu as bien faict ton offrande, mais n'a point bien faict la diuiſion, tu as peché, demeure en repos, ton appetit te ſera ſubiect, & tu auras ſeigneurie ſur luy.

Au Deuteronome. Ie prens aujourd'huy en teſmoins les Cieux & la terre cõtre vous, que i'ay mis deuãt toy la vie & la mort, la benediction & la malediction : choysi donc la vie afin que tu viues, toy & ta posterité.

24.14.15. E*n Iosue*, Maintenant craignez le Seigneur, & le seruez en integrité & verité, & que s'il vous desplaist de le seruir, on vous donne le choix : Elisez auiourd'huy ce qui vous plaist, & à qui sur tout auez à seruir.

15.14 E*n l'Ecclesiastique*. Dieu a creé l'homme dés le commencement, & l'a laissé en la puissance de son
18 conseil E*t au verset dixseptiesme*, En la presence de l'homme est la vie & la mort, le bien & le mal, ce que luy agreera luy sera donné.

19.17. E*n sainct Matthieu*. Si tu veux entrer en la vie, garde les commandemens.

1.7.37. *Aux Corinthiens*, Mais celuy qui demeure ferme en son cœur, & n'a point necessité, mais a puissance sur sa propre volonté, & a

arresté

arresté cela en son cœur, de garder sa vierge, il fait bien.

A Philemon. Ie n'ay rien voulu faire sans ton aduis, afin que ton bien ne fust point comme par cõtrainte, mais volontaire.

Que Dieu n'induit & ne pousse personne au peché.

AV *Pseaume*, Vous n'estes pas vn Dieu qui vueille l'iniquité.

Aux prouerbes. La voye de l'impie est abomination deuant Dieu, & celuy est aymé de luy qui suit la iustice.

En la Sapience, Le meschant & sa meschanceté sont esgalement haïs de Dieu.

Ecclesiastique, Il n'a commandé à aucun de faire meschamment, & n'a donné à nul congé de pecher.

Sainct Iacques. Quãd quelqu'vn est tenté, qu'il ne die point, ie suis tenté de Dieu : car Dieu ne peut

eſtre tenté de maux, & auſſi il ne
tente perſonne, mais vn chacun
eſt tenté, quand il eſt attiré &
amorcé par ſa propre conuoitiſe:
puis apres quand la conuoitiſe a
conceu, elle enfante peché, & le
peché eſtant conſommé, il engen-
dre la mort.

Qu'il y a des pechez l'vn plus grand que l'autre.

5. 22. IEſus-Chriſt en ſainct Matthieu,
Ie vous dis que quicõque ſe cou-
rouce à ſon frere ſera puniſſable
par iugement, & qui dira à ſon frere Racha, ſera puniſſable par conſeil, & qui luy dira beliſtre & fol
ſera puniſſable par la gehenne du
feu.

12. 36. *Et au chapitre douze.* Or ie vous
dy, que les hommes rendront
compte le iour du iugement de
toute parole qui ſera ſortie de leur
bouche.

Qu'il y a des pechez qui ſont mortels, autres qui ſont veniels.

E*N la premiere de ſainct Iean.* Si 5·16·17·
quelqu'vn void ſon frere pe-
cher du peché qui n'eſt point à
mort, il requerra à Dieu,& il luy
donnera la vie, voire à ceux qui ne
pechent point à mort. Il y a vn
peché à mort, ie ne dis point que
tu prie pour ce peché là, toute
iniquité eſt peché, mais il y a quelque peché qui n'eſt pas à mort.

Aux Prouerbes. Le iuſte cherra 24·16·
ſept fois, & ſera releué, mais les
meſchants trebuchent au mal

Que l'on peut garder tous les commandemens de Dieu moyennant ſa grace.

A*V Deuteronome.* Ce comman- 30·11·
dement icy que ie te cõmande
auiourd'huy, n'eſt point trop
haut pour toy,& n'eſt pas loing.

Et au verſet quatorzieſme, cette parole eſt fort prez de toy en ta bouche & en ton cœur, pour la faire.

36.27. *En Ezechiel*. Ie mettray mon Eſprit au milieu de vous, & feray que vous cheminerez en mes ſtatuts, & que vous garderez mes ordonnances, & les ferez.

11.30. *Ieſus-Chriſt en ſainct Matthieu*. Mon ioug eſt ſuaue, & ma charge eſt legere.

4.13. *Aux Philippiens*. Ie peux tout en celuy qui me fortifie.

5.3 *En la premiere de ſainct Iean*. Cette eſt la charité de Dieu, que nous gardions ſes commandemens, & ſes commandemens ne ſont point peſants.

Que pluſieurs ont gardé les commandemens, & ont eſté iuſtes deuant Dieu.

6.9. EN *la Geneſe*. Noë homme iuſte & parfaict en ſon temps chemina auec Dieu.

Au chapitre 17. Dieu dit à Abraham, chemine deuant moy & ſois parfaict.

En Ioſué, Ioſué n'outrepaſſa en riẽ qui ſoit aucũ des cõmandemens, que Dieu auoit donné à Moyſe.

Au quatrieſme des Roys, Il eſt dit de Ioſias, deuãt luy il n'y eut point de Roy ſemblable à luy, qui ſe retournaſt vers le Seigneur de tout ſon cœur & de toute ſon ame & de tout ſon pouuoir, ſelõ toute la loy de Moyſe, & apres luy il ne s'en eſt point veu de ſemblable à luy.

Au ſecond des Chroniques. Le cœur d'Aza eſtoit parfaict tous les iours de ſa vie.

En Iob premier. En la terre de Hus y auoit vn perſonnage nommé Iob, lequel eſtoit homme entier & droict, craignant Dieu, & ſe retirant de mal.

En ſainct Matthieu. Ioſeph ſon

mary estant homme iuste.

Luc 1. 6. *De Zacharie & d'Elizabeth il est escrit en S. Luc.* Ils estoient tous deux iustes deuant Dieu, cheminans en tous les commandemens & iustifications du Seigneur, sans reproche.

2. 25. *Au second Chapitre.* Simeon homme iuste, craignant Dieu, & attendant la consolation d'Israël, & le sainct Esprit estoit en luy.

Que l'homme ayant l'usage de raison n'est point iustifié par la seule foy

13. 2. En *la premiere aux Corinthiens.* Quand i'aurois toute la foy, tellement que ie transportasse les montagnes, & que ie n'aye point de charité, ie ne suis rien.

5. 6. *Aux Galates.* Car en Iesus-Christ, ny circoncision, ny prepuce n'a aucune vertu, ains la foy ouurante par charité.

2. 15. *En la premiere à Timothée.* Elle se-

ra ſauuée en engendrant des enfans, pourueu qu'elle perſeuere en foy, & dilection, & ſanctification auec modeſtie.

Sainct Iacques. Mes freres, que profitera-il ſi quelqu'vn dict qu'il a la foy, & qu'il n'ait point les œuures? la foy le pourra elle ſauuer? *Et au verſet* 17. La foy qui n'a les œuures eſt morte en elle meſme. *Et au vingt quatre.* Voyez vous pas que l'hõme eſt iuſtifié par les œuures, & non par la foy ſeulement?

Et au vingtſix. Car ainſi que le corps eſt mort ſans l'eſprit, ainſi la foy qui eſt ſans œuures, eſt morte.

Que Dieu promet la vie eternelle, non à la foy ſeule, mais aux œuures.

AV *Pſeaume.* Seigneur, qui eſt-ce qui ſeiournera en ton Tabernacle? qui eſt-ce qui habitera en ta montagne ſaincte? Celuy

qui chemine en integrité, & fait ce
qui eſt iuſte.

Ailleurs. Tu rendras à vn chacun ſelon ſes œuures

En ſaint Matthieu. Toute perſonne qui me dira Seigneur, Seigneur, n'entrera pas au Royaume des Cieux: mais qui fait la volonté de Dieu mõ Pere qui eſt és Cieux, celuy-là entrera au Royaume des cieux. *au Chapitre ſeizieſme.* Car le Fils de l'Homme viendra en la gloire de Dieu ſon Pere, & lors il rẽdra à chacun ſelõ ſes œuures. *Et au dixneufuieſme.* Si tu veux entrer en la vie, garde les cõmãdemens. *Et au verſet vingtneuuiesme.* Quicõque aura laiſſé pour mon nom, maiſon, freres, ſœurs, ou pere, ou mere, fẽme, ou enfans, ou poſſeſſions, il aura cent fois autant, & poſſedera la vie eternelle. Au vingtcinquieſme, Venez biẽheureux de mon Pere, poſſedez le

Royaume qui vous a esté preparé dés la fondation du monde : car i'ay eu faim, & vous m'auez donné à manger ; i'ay eu soif, & vous m'auez donné à boire, &c.

En Sainct Luc, Fais cela & tu viuras.

En Sainct Iean. Tous ceux qui sont és Sepulchres orront la voix d'iceluy, & ceux qui auront bien fait sortiront en resurrection de vie ; & ceux qui auront mal-faict, en resurrection de condemnatiõ.

Et ailleurs. Si vous sçauez ces choses, biẽheureux serez vous si vous les faictes : Vous estes mes amis, pourueu que vous faciez ce que ie vous commande.

En Ezechiel. Le Iuste viura en la Iustice qu'il aura operé.

Qu'il y a vne Iustice d'œuures Euangeliques.

AVx *Romains*, Ceux qui oyent la loy ne sont pas Iustes deuãt

Dieu, mais ceux qui font la loy ſeront iuſtifiez.

Et ailleurs. Ainſi donc que vous auez appliqué vos membres pour ſeruir à ſoüilleure & iniquité à commettre iniquité : ainſi appliquez maintenant vos membres pour ſeruir à iuſtice en ſanctification.

Sainct Iacques. Voyez vo⁹ pas dõc que l'hõme eſt iuſtifié par les œuures, & non ſeulement par la foy?

En l'Apocalypſe. Qui eſt iuſte, qu'il ſoit encore iuſtifié ; & qui eſt ſainct qu'il ſoit encore ſanctifié.

Et de Zacharie & Elizabeth, il a eſté dict qu'ils cheminoiẽt en tous les commandemens, & en toutes les iuſtifications du Seigneur.

Qu'il y a des oeuures meritoires, & auſquelles, faictes en grace & par grace, Dieu promet recompenſe.

EN *l'Ecleſiaſtique*. Toute miſericorde fera lieu: car chacũ trouuera ſelon ſes œuures, *ou comme l'ont les Bibles de Geneue, au verset quinziesme*, Il n'y aura bien faict auquel il ne donne place: car chacun trouuera selon ses œuures, & selon l'intelligence de sa peregrination.

E*n Sainct Matthieu*. Esiouyssez vous, & vous esgayez, car vostre recõpẽse est abõdãte sur les Cieux.

Le fils de l'homme rendra à vn chacun selon ses œuures.

Aux Romains. Dieu rendra à vn chacun selon ses œuures, & à ceux qui auec patience à biẽ faire cherchent gloire, honneur & immortalité, la vie eternelle: mais à ceux qui sont conuoiteux, & qui se rebellent contre la verité, & obeïssent à iniustice, indignation, & ire.

Et ailleurs. Si nous sommes enfans, nous sommes donc heritiers de Dieu, & coheritiers de Iesus-Christ, si tant est que nous souffrons auec luy, à fin que nous ſoyons auſſi glorifiez auec luy.

En la ſeconde aux Corinthiens. Car noſtre legere affliction qui ne fait que paſſer, opere en nous vn poids eternel de gloire, excellemment excellent.

Aux Galates. Ce que l'homme aura ſemé, il le moiſſonnera auſſi: car qui ſeme à la chair, il moiſſonnera auſſi de la chair corruption: mais qui ſeme à l'eſprit, il moiſſõnera de l'eſprit vie eternelle. Or ne deuenons point nonchalans en bien faiſant: car nous moiſſonnerons en ſon temps ſans nous laſſer: Parquoy pendant que nous auons le temps, faiſons biẽ à tous, mais principalement aux domeſtiques de la foy.

Aux Coloßiens. Quelque choſe que vous faciez, faites le tout de bonne volõté, comme ſeruans au Seigneur, & nõ cõme aux hõmes, ſçachans que vous receurez du

Seigneur la recompenſe de l'heritage.

En la premiere à Timothee. La 4·8
pieté eſt profitable à toutes choſes, ayant les promeſſes de la vie
preſẽte, & de celle qui eſt à venir.

En la ſeconde. I'ay combatu le 4·7·8
bon combat, i'ay paracheué la
courſe, i'ay gardé la foy, quant au
reſte la couronne de iuſtice m'eſt
reſeruée, laquelle le Seigneur me
rendra iuſte Iuge en ceſte iour-
née là, & non ſeulement à moy,
mais auſſi à tous ceux qui auront
aymé ſon apparition.

Sainct Iacques. Bien-heureux 1·12
eſt l'homme qui endure tentatiõ:
car quand il aura eſté eſprouué, il
receura la coronne de vie, que
Dieu a promis à ceux qui l'aymẽt.

En l'Apocalyſe: Or voicy, ie vien 22·12
bien-toſt, & mon ſalaire eſt auec
moy, pour rendre à chacun ſelon
ſes œuures.

Que par les œuures susdites l'homme peut estre trouué digne.

EN *sainct Luc*. Ceux qui seront faits dignes d'obtenir ce siecle là. *Et ailleurs*. Veillez donc prians en tout temps, afin que vous soyez faicts dignes d'euiter toutes ces choses.

Aux Actes. Eux donc s'en allerent de deuant l'assemblée, s'esiouïssans d'auoir esté trouués dignes de souffrir opprobre pour le nom d'iceluy.

En l'Apocalypse. Ils chemineront auec moy en vestemens blancs: car ils en sont dignes.

Aux Thessaloniciens. Afin que vous soyez estimez dignes du Royaume de Dieu, pour lequel vous souffrez.

En la Sapience. Dieu les a esprouué, & les a trouué dignes de foy.

Que l'on peut determiner & aßigner certains iours pour le ieusne, comme les quatre temps, le Caresme & autres, à l'exemple des tesmoignages qui sont en l'Escriture.

A*V Leuitique*. Pareillement au dixiesme de ce septiesme mois, sera le iour solemnel des expiations, & sera appellé sainct. Lors vous affligerez vos ames, & offrirez holocauste au Seigneur.

Toute ame qui n'aura esté affligee en ce iour là, sera retranchee de son peuple.

En Zacharie. Car ainsi dit le Seigneur des armees : Comme i'ay pourpensé de vous affliger, quãd vos peres ont prouoqué mon indignation, & ne m'en suis point repenty, dit le Seigneur : ainsi me suis ie retourné au contraire, & ay pourpensé en ces iours icy de faire du bien à Hierusalem, & à la maison de Iuda, ne craignez point. Ainsi a dit l'Eternel des armees, Le ieusne du quatriesme mois & le ieusne du cinquiesme, & le ieusne du septiesme, & le ieusne du dixiesme, seront conuertis en la maison de Iuda en ioye & en liesse, & en bonnes festes.

Aux Actes. Desia la nauigation estoit dangereuse, parce que desia mesme le ieusne estoit passé.

En sainct Marc. Or les disciples de sainct Iean & des Pharisiens ieusnoient, lesquels vindrent vers lui, & luy dirent, Pourquoy ieusnent les disciples de Iean, & des Pharisiens, & tes disciples ne ieusnent point? Et Iesus leur respondit: Les gens de nopces peuuent ils ieusner pendant que l'espoux est auec eux? durant le temps qu'ils ont le nouueau marié auec eux, ils ne peuuent ieuſner , mais les iours viendront que l'eſpoux leur ſera oſté, & alors ils ieuſneront en ces iours là.

De l'abſtinence touchant la qualité des viandes.

EN *la Geneſe*. Puis le Seigneur commanda à l'homme, diſant, Tu mangeras librement de tout arbre du iardin , toutesfois quant à l'arbre de ſcience de bien & de mal , vous n'en mangerés point : car le iour que vous mangerés d'iceluy vous mourrés de mort.

Au chapitre neufieſme. Tout ce qui ſe meut ayant vie vous ſoit pour viande, ie vous ay donné le tout comme l'herbe verde, toutesfois vous ne mangerez point de chair auec ſon ame, qui eſt le ſang d'icelle.

Au Leuitique. Le Seigneur parla

à Aaron, disant: Vous ne boirez point de vin, ny de ceruoise, toy, ny tes fils auec toy, quand vous entrerés au tabernacle du tesmoignage, afin que vous ne mouriés point; c'est vne ordonnance perpetuelle en vos ages, à ce que vous ayez le sçauoir de discerner entre la chose saincte & prophane, entre la chose souillee & nette.

13.3.4. *Aux Iuges*. L'Ange apparut à la
femme de Manué, & luy dit: Voicy tu és sterile, & n'as iamais eu
d'enfant: mais tu conceuras & en-
fanteras vn fils, & pourtant garde
toy dés maintenāt que tu ne boi-
ues vin ny ceruoise, & que tu ne
manges aucune chose souillée. *Et*
13.13. *le mesme Ange parlant à Manué, luy*
14. *dit*: Ta femme se gardera de toutes les choses dont ie l'ay aduer-
tie, Elle ne mangera rien qui sorte de vigne portant vin, & ne boira ny vin ny ceruoise, & ne man-

gera chose aucune soüillée, elle prendra garde à tout ce que ie luy ay commandé.

Ieremie dit de soy. Ie mis deuant les enfans de la maison des Recabites, des gobelets pleins de vin, & des tasses, & leur dy, Beuuez du vin; & ils respondirent, nous ne boirons point de vin, car Ionadab fils de Recab nostre Pere, nous a donné vn commandement, disant, vous ne boirez point de vin, ny vous, ny vos enfans à iamais. *Verset dixneufiesme*. Pourtant aussi a dit le Seigneur Dieu Israël, iamais ne sera qu'il n'y ayt quelqu'vn appartenant à Ionadab fils de Recab, qui assiste deuant moy.

Daniel. En ce temps, moy Daniel fus en dueil par l'espace de trois sepmaines entieres, & ne mangeay point de pain d'appetit: & n'entra point de chair ny de vin en ma bouche: & n'vſay d'aucun vnguent iuſques à ce que les trois ſepmaines fuſſent entierement accomplies.

3.4. *En ſainct Matthieu.* Iean auoit l'accouſtrement de poil de chameau, & vne ceinture de cuir ſur ſes reins, ſa viande eſtoit des ſauterelles, & du miel ſauuage.

1.15. *En ſainct Luc.* De luy auſſi l'Ange auoit predit: Il ne boira vin ne ceruoiſe, & ſera rempli du ſainct Eſprit dés le ventre de ſa mere.

Que la retraite du monde eſt loüable.

24.18. EN *l'Exode.* Et Moïſe entra dans la nuée, & monta en la montagne, & fut en la montagne quarante iours & quarante nuits. Et l'Eternel parla à Moïſe.

19.8.9. *Du Prophete Helie il eſt dit au troiſieſme des* Roys, Qu'il ſe leua, & mangea & beut, puis auec la force de ce repas il chemina l'eſpace de quarante iours & quarante nuicts, iuſques à la montagne de Dieu, Oreb; & là il entra dans vne cauerne, & y paſſa la nuict, puis voila la parole du Seigneur, &c.

Ieſus-Chriſt meſme en ſainct Matthieu, fut emmené par l'eſprit au deſert, où il ieuſna quarante iours & quarante nuicts.

De S. Iean Baptiſte eſcrit en S. *Luc*. Que le petit enfant croiſſoit, & eſtoit fortifié en eſprit, & fut és deſerts iuſques au iour qu'il auoit à ſe manifeſter à Iſraël.

Que l'on eſt tenu de maintenir les vœux que l'on a faict à Dieu.

A*Vx Nombres*. Le Seigneur parla à Moïſe, diſant, Parle aux enfans d'Iſraël, & leur dy, Quand l'homme ou la fẽme aura faict quelque notable promeſſe, voüant le vœu de Nazarien, pour ſe faire Nazarien au Seigneur, il s'abſtiendra de vin, & de ceruoiſe, & ne boira aucun vinaigre faict de vin ou de ceruoise, ny ne boira d'aucune liqueur de raisins : & ne mangera grappes seiches ny fresches tous les iours de son Nazariat: il ne mãgera de chose aucune qui soit faicte de vigne portãt vin, depuis le pepin iusques à la pelure : tous les iours du vœu de son Nazariat le rasoüer ne passera point sur sa teste, *&c.*

23. 21. 22. *Au Deuteronome*. Quãd tu auras fait vn vœu au Seigneur tõ Dieu, n'attẽs le lẽdemain à le rẽdre: car Dieu le recherchera de toy, & si tu tardes, cela te tournera à peché: que si tu crains de pecher, ne promets plustost point.

75. 12. *Au Pseaume*. Voüez & rendez au Seigneur vous tous qui vous presentez deuant sa face.

65. 13. 14. *Au Pseaume*. Ie te rẽdray les vœux que i'ay fait sortir de mes léures.

5. 3. 4. *En l'Ecclesiaste*. Si tu as voüé quelque chose, ne differe de t'en

acquiter : car la promeſſe ſotte & infidele, deſplaiſt à Dieu, & vaudroit beaucoup mieux ne point voüer que de manquer à ſa promeſſe.

Que la communauté des Religieux, qui n'ont rien en particulier, eſt aggreable à Dieu.

A*Vx Actes*. Tous ceux qui croy- 2.44.45.
oient eſtoient enſemble en 46.47
vn meſme lieu: & auoient toutes choſes communes, & vendoient poſſeſſions & biens, & les diſtribuoient à tous, ſelon que chacun en auoit beſoin : & tous les iours ils perſeueroient tous d'vn accord enſemble, & rompãs le pain de maiſon en maiſon, ils prenoiẽt leurs repas en ioye & ſimplicité de cœur, loüans Dieu, & ayans grace enuers tout le peuple : Et le Seigneur adioignoit de iour à autre à l'Egliſe gens pour eſtre ſauuez.

Que abandonner les richeſſes, & faire vœu de pauureté volontaire, eſt vn œuure de ſignalee religion.

19.21. EN *ſainct Matthieu.* Si tu veux
eſtre parfaict, va, vend ce que
tu as, & le donne aux pauures, &
tu auras vn threſor au Ciel, & viẽs
19. 27. 28. 29. & me ſuis. *Là meſme*, Sainct Pierre
prenant la parole, luy dit, voicy
nous auons tout delaiſſé, & t'auõs
ſuiuy, que nous en aduiendra-il
donc? Et Ieſus leur dit, en verité ie
vous dy, que vous qui m'auez ſuiuy, en la regeneration, quand le
fils de l'homme ſera aſſis au Thrô-
ne de ſa Maieſté: vous auſſi ſerez
aſſis ſur douze Throſnes, iugeant
les douze lignées d'Iſraël: & quiconque aura delaiſſé maiſons, ou
freres, ou ſœurs, ou pere, ou mere,
ou femme, ou enfans, ou champs,
à cauſe de mon nom, il en receura
cent fois autant, & heritera la vie
eternelle.

Que

Que viure en celibat, & faire vœu de chasteté, est chose tres-agreable à Dieu.

EN *sainct Matthieu.* Tous ne cō- 19. 11. 12.
prennent pas cela, mais ceux
ausquels il est donné: car il y a des
eunuques qui sont ainsi naiz dés
le ventre de leur mere, & il y a des
eunuques qui ont esté faicts par
les hommes, & il y a des eunuques
qui se sont faicts eunuques eux-
mesmes pour le royaume des
cieux; le comprenne qui pourra.

En la premiere aux Corinthiens. 7. 8.
Or ie dis à ceux qui ne sont point
mariez, & aux veufues, qu'il leur
est bon s'ils demeurent comme
moy.

Et peu apres. Touchant les vier- 7. 25 26.
ges, ie n'ay point de commande-
ment du Seigneur, mais i'en donne le conseil, comme ayant obte-
nu misericorde du Seigneur que
ie sois fidele. I'estime donc que ce-

la eſt bon pour la neceſſité preſente, entant qu'il eſt bon à l'homme d'eſtre ainſi.

7. 38. 39. 40 *De rechef.* Parquoy celuy qui marie ſa vierge fait bien, mais celuy qui ne la marie point, faict mieux. La femme eſt liee par la loy, tant que ſou mary eſt en vie, mais ſi ſon mary meurt, elle eſt en liberté de ſe marier à qui elle veut ſeulement que ce ſoit ſelon Dieu, toutesfois elle eſt plus heureuſe, ſi elle demeure ainſi, ſelon mon conſeil: or i'eſtime que i'ay l'eſprit de Dieu.

14. 4. *En l'Apocalypſe.* Ce ſont ceux qui n'ont eſté ſouillez auec les femmes : car ils ſont vierges, ceux-cy ſuiuent l'Agneau quelque part qu'il aille.

Que l'abnegation de soy-mesme portee par le vœu d'obeissance que font les Religieux, est selon le conseil de Iesus-Christ.

EN *sainct Matthieu.* Qui veut 16. 24.
venir apres moy, qu'il renon-
ce à soy-mesme, porte sa croix, &
me suyue.

En *sainct Luc.* qu'il porte sa croix 9. 23.
tous les iours.

Au premier des Roys. L'obeys- 15. 22.
sance est meilleure que les victi-
mes.

Aux *Prouerbes.* Les cœurs des iu- 15. 28.
stes meditent la foy.

Que les Ecclesiastiques peuuent prendre les decimes, offrandes, & aumosnes qui leur sont offertes, ou qui leur sont deuës de droict.

AV *Deuter.* Les Sacrificateurs 18. 1. 2. 3.
qui sont de la race de Leui, & 4. 5.
toute la Tribu de Leui, n'auront
point de part n'y d'heritage auec

le reſte d'Iſraël, d'autant qu'ils
mangeront des ſacrifices, & oblations
faictes au Seigneur, & ne
prendront autre choſe au partage
de leurs freres: car le Seigneur eſt
leur heritage. Or c'eſt icy le droict
des ſacrificateurs, lequel ils prendront
du peuple; à ſçauoir de ceux
qui ſacrifieront quelque ſacrifice,
ſoit bœuf, ou quelque menuë beſte,
c'eſt qu'on donnera au ſacrificateur,
l'eſpaule, les machoires, &
le ventre. Tu leur donneras les
premices de ton froment, de ton
vin, & de ton huyle, & les premices
de la toiſon des brebis: car le
Seigneur l'a choiſi de tous tes tribus,
pour aſſiſter & faire le ſeruice
au nom de l'Eternel.

9. 6. 7. 8. 9. 10. *En la premiere aux Corinthiens.*
Ou moy ſeul, & Barnabas, n'auons
pas la puiſſance de ne trauailler
point? Qui eſt-ce qui va iamais à
la guerre à ſa ſolde? Qui plante la

vigne, & n'en mange point du fruict? qui paist le troupeau,& ne mange point de la chair du troupeau? di-je ces choses selon l'homme? la loy ne dit-elle point aussi le mesme? car il est escrit en la loy de Moïse: Tu n'emmuseleras point le bœuf qui foule le grain, Dieu a-il soin des bœufs? ne dit il point totalement ces choses pour nous? *& peu apres*. Si nous vous auons semé les choses spirituelles, est-ce si grand cas que nous recueillions les vostres charnelles? *& derechef*. Ne sçauez vous pas que ceux qui vacquẽt aux choses sacrées mãgẽt de ce qui est sacré,& que ceux qui seruent à l'Autel participent à l'Autel? *Tout de mesme*. Le Seigneur a ordonné que ceux qui annoncent l'Euangile, viuent de l'Euangile.

Que les sacremens de l'ancienne loy n'auoyent pas la mesme efficace que ceux de la nouuelle.

7.19. EN *la premiere aux Corinthiens.* La Circoncision n'est rien, & le prepuce n'est rien.

4.9. *Aux Galates quatriesme.* Mais maintenant puis que vous auez cogneu Dieu, ou plustost que vous auez esté cogneuz de Dieu, commẽt vous destournerez vous en arriere aux rudiments foibles & pauures?

5.6. *Et au Chapitre cinquiesme*, En Iesus Christ, ny circoncision, ny prepuce ont aucune vertu: ains la foy ouurante par charité.

3.3.4.5.6.7. *Aux Philippiens, souuent il appelle* detriment la iustice de la loy, & *par mespris il nomme* concision, la circoncision.

9.13.14. *Aux Hebrieux neufuiesme.* Car si le sang des taureaux & des boucs, & la cendre de la genisse dont on faict aspersion, sanctifie les soüillez, quant à la chair : combiẽ plus le sang de Iesus-Christ ? &c.

Et au Chapitre dixiesme. La loy 10. 1.
ayant l ombre des biens à venir, nõ point la viue image des choses.

Que le charactere de quelques sacremens est signifié en l'Escriture.

EN *Esaye*. Le temps vient d'as- 66. 18. 19.
sembler toutes nations & langues, ils viendront & verront ma gloire: car ie mettray vne marque en eux.

Aux Corinthiens. Or celuy qui 2. Cor. 1.
nous confirme auec vous en Iesus- 21. 22.
Christ, & qui nous a oincts, c'est Dieu, lequel aussi nous a seellez & nous a donné les arres de l'esprit en nos cœurs.

Aux Ephesiens. En qui vous estes 1. 13. 14.
aussi ayans ouy la parole de verité, à sçauoir l'Euangile de vostre salut, auquel aussi ayant creu, vous

auez esté seellez du sainct Esprit
promis, lequel est le gage de nostre heritage.

4.30. *Derechef.* Ne contristez point
le sainct Esprit de Dieu, par lequel
vous auez esté seellez pour le iour
de la redemption.

Que le Baptesme est de necessité absoluë.

3.5. EN *sainct Iean.* S'il y a quelqu'vn
qui ne soit regeneré de l'eau
& de l'esprit, il ne peut entrer au
royaume de Dieu.

5.25.26. *Aux Ephesiens.* Iesus-Christ a
aymé l'Eglise, & s'est donné soy-
mesme pour elle, afin qu'il la san-
ctifiast apres l'auoir nettoiée par
le lauement de l'eau en la parole.

3.5. *A Tite.* Il nous a sauuez par le
lauement de regeneration, & re-
nouuellement du saint Esprit.

3.20.21. S. *Pierre* en la premiere epistre cō-
pare le Baptesme à l'arche, en laquelle petit nombre, c'est à dire,

huict personnes furent sauuees par l'eau. A quoy aussi, dit-il, maintenant respond à l'opposite la figure qui nous sauue, à sçauoir le baptesme: d'où suit, que comme hors de l'arche tout fut perdu, pareillement sans le baptesme il n'y a point de salut.

Que le baptesme de sainct Iean a esté bien different, & grandement inferieur au nostre.

EN *sainct Matthieu.* Quant à 3.11.
moy, dit sainct Iean Baptiste, ie vous baptise auec l'eau en penitence, mais celuy qui vient apres moy est plus fort que moy, duquel ie ne suis capable de porter les souliers, il vous baptisera du S. Esprit & de feu.

Aux Actes. Iean a baptisé d'eau, 1.5.
mais vous serez baptisé du sainct Esprit dans peu de iours.

Derechef. Aduint comme Apol- 19.1.2.3.
lo estoit à Corinthe, que Paul 4.5.6.

apres auoir trauersé tous les quartiers d'enhaut, vint en Ephese, où ayant trouué certains disciples, il leur dit, Auez vous receu le S. Esprit, quand vous auez creu ? mais ils luy respondirent, nous n'auons pas mesmes ouy dire s'il y a vn S. Esprit. Adonc il leur dit, En quoy donc auez vous esté baptisez ? lesquels respondirent, Au baptesme de Iean. Alors Paul dit, Iean a bien baptisé du baptesme de penitẽce, disant au peuple qu'ils creussent en celuy qui venoit apres luy à sçauoir Iesus qui est le Christ. Ces choses ouyes ils furent baptisez au nom du Seigneur Iesus. Et apres que Paul leur eut imposé les mains, le sainct Esprit vint sur eux, & ainsi ils parloyent langages & prophetisoient.

Que le baptesme peut estre administré hors la presche, & en cas de necessité, par quiconque soit, homme ou femme, ayant l'intention de faire ce que Iesus-Christ a ordonné.

EN *l'Exode*. Or aduint comme 4.24.25.
Moïse estoit sur le chemin en
l'hostellerie, que le Seigneur le
rencontra, & chercha de le faire
mourir : lors Sephora print vn
caillou trenchant, & en coupa le
prepuce à son fils.

Au second des Macchabees. C'estoit 6.9.10.
donc grande misere de veoir la ca-
lamité qui estoit alors : car deux
femmes furent accusees d'auoir
circoncis leurs enfans, donc ayãt
pendu leurs enfants à leurs mam-
melles, apres que publiquement
ils les eurent menez par la ville,
ils les ietterent des murailles en
bas.

Aux Actes. Ananias donc s'en 9.17.18

alla, & entra en la maiſon, & luy impoſant les mains, dit Saül frere, le Seigneur Ieſus qui t'eſt apparu au chemin par lequel tu venois m'a enuoyé, afin que tu recouures la veuë, & ſois remply du ſainct Eſprit, & ſoudain cheurent de ſes yeux comme des eſcailles, & à l'inſtant il recouura la veuë, il ſe leua & fut baptiſé.

Que l'Vſage de l'eau benite n'eſt à reietter.

4.4.5. EN *la premiere à Timothee.* Toute creature de Dieu eſt bonne, & rien n'eſt à reietter, eſtant prins auec action de graces : Car elle eſt ſanctifiée par la parole de Dieu, & par la priere.

8.6.7. *Aux Nombres.* Pren les Leuites d'entre les enfans d'Iſrael, & les purifie: tu feras ainſi pour les purifier ; tu feras aſperſion d'eau de purification ſur eux ; & ils feront paſſer le raſoir ſur toute leur chair.

Derechef. L'homme qui ſera ſoüil-
lé & ne ſe purifiera point, telle perſonne ſera retranchee du milieu
de la congregation, d'autant qu'il
aura ſouillé le ſanctuaire du Seigneur, & l'eau de purification
n'aura eſté eſpanduë ſur luy.

Du Chreſme & de la ſaincte huile.

E*N la premiere à Timothee*. Toute creature eſt ſanctifiee par la
parole de Dieu, & par la priere.

En l'Exode. Tu oindras auſſi Aa-
rõ & ſes fils, & les ſanctifieras pour
m'exercer la ſacrificature : dauan-
tage tu parleras aux enfãs d'Iſraël,
diſant, Ce me ſera vne huile de
ſaincte onction en vos aages, on
n'oindra point d'icelle la chair
d'aucun homme, & ne feras point
de compoſition ſemblable à icelle, elle eſt ſaincte, & elle vous ſera
ſaincte.

Au premier des Rays. Or Samuel

auoit prins vne fiole d'huile, laquelle il espandit sur la teste d'iceluy, puis il le baisa, & luy dit, Le Seigneur ne t'a il pas oinct sur sõ heritage pour en estre le conducteur?

16. 12. 13. *Au mesme liure.* Or il estoit blõd, d'vn beau regard, & agreable de visage, & le Seigneur dit, Leue toy, & l'oings: car c'est cestui-cy. Adonc Samuel print la corne d'huile, & l'oignit au milieu de ses freres, & depuis ce iour-là en apres, l'Esprit du Seigneur saisit Dauid.

Que l'Vsage des cierges & flambeaux en l'Eglise & en l'administration des Sacremens, est agreable à Dieu & conforme à l'Escriture.

25. 37. 38. EN *l'Exode.* Tu feras aussi sept lampes, & les mettras sur le chãdelier, afin qu'elles esclairent vis à vis, & les mouchettes d'iceluy auec ses creuseaux serõt de pur or.

27. 20. *Derechef.* Tu commanderas aussi aux enfans d'Israël, qu'ils t'appor-

tent de l'huile d'oliue vierge pour
le luminaire, afin de faire luire les
lampes continuellement.

Au Leuitique. Et quãt au feu qui 6.12.
est sur l'autel, on l'y tiẽdra allumé,
on ne le lairra point esteindre.

Que faire le signe de la Croix, ou le dresser és places & carrefours est chose licite & vtile.

En *Ezechiel.* Dieu dit, passe 9.4.
par le milieu de la ville de
Hierusalẽ, & marque la lettre de
Tau sur le front des hommes qui
gemissent & souspirent à cause de
toutes les abominations qui se
commettent au dedans d'icelle.

En *sainct Matthieu.* Et adõc ap- 24.30.
paroistra au Ciel le signe du fils de
l'homme.

Que l'imposition des mains, dicte la confirmation, second sacrement de la loy Euangelique, a esté en vsage du temps des Apostres.

Aux Actes. Quand les Apostres 8.14.15.16.17.
qui estoient en Hierusalem

eurent entẽdu que Samarie auoit receu la parole de Dieu, ils leur enuoyerent Pierre & Ieã, lesquels estans-là descendus prierent pour eux, à fin qu'ils receussent le sainct Esprit: car il n'estoit point encore descendu sur aucun d'eux: mais seulement ils estoient baptisez au nom du Seigneur Iesus, puis ils leur imposerent les mains, & ils receurent le sainct Esprit.

1.21.22. *En la seconde aux Corinthiens.* Or celuy qui nous cõfirme auec vous en Iesus-Christ, & qui nous a oincts, c'est Dieu lequel aussi nous a seellé, & nous a donné les arres de l'esprit en nos cœurs.

4.30. *Aux Ephesiens.* Ne vueillez contrister le sainct Esprit, auquel vous auez esté seellez pour le iour de redemption.

6.2. *Aux Hebrieux il ioinct* à la doctrine des baptesmes, celle de l'imposition des mains, de la resurrection des morts, & du iugement eternel.

Qu'en la saincte Eucharistie est reellement le Corps de Iesus-Christ.

EN *S. Matthieu.* 16.26.
En S. Marc 14.22.
En *S. Luc.* 22.19.
En la premiere aux Corinthiens. 11.24.

} Cecy est mon Corps.

En *sainct Iean.* Le pain que ie 6.52.
vous donneray est ma chair, laquelle ie donneray pour la vie du monde.

En *la premiere aux Corinthiens.* 10.16.
La couppe de benedictiõ laquelle nous benissons, n'est-elle pas la communion du sang de Iesus-Christ? & le pain que nous rompons, n'est-ce pas la participation du corps du Seigneur?

Par apres. Car qui en mange & 11.29.
boit indignement, se mange & boit son iugement, ne discernant

point le corps du Seigneur.

Que la communion sous vne seule espece a esté vsitee en la primitiue Eglise par les Apostres.

3.42. AVx *Actes*. Or perseueroient-ils tous en la doctrine des Apostres, & en la communion, & en la fraction du pain, & aux prieres. Où il n'est fait mētion aucune de la couppe, ny és subsequents.

Et au chapitre vingtiesme verset 7. passage, que Caluin en ses Commentaires explique de la Cene, apres l'autheur de l'œuure imparfaicte sur sainct Matthieu, Bede & Ionas d'Orleans.

Et le premier iour de la sepmaine les Disciples estants assemblez pour rompre le pain, dautāt qu'il deuoit partir le lendemain, il traictoit de la parole auec eux, & estendit son propos iusques à la minuict.

Iesus Christ même selō quelques Peres.

EN *sainct Luc*. Et auint que cõme il estoit à table auec eux, il print le pain, & le benit; puis l'ayãt rompu le leur distribua.

S. Iean Chrysostome, ou l'autheur de l'œuure imparfaict sur S. Matthieu en l'homelie seiziesme.

S. Augustin au liure troisiesme du consentement des Euangelistes, chapitre 25.

Hesychius de Hierusalem liure 2. sur le Leuitique, chapitre neufuiesme.

Bede sur le vingt-quatriesme de S. Luc, & Theophylacte sur le mesme, l'exposẽt de l'Eucharistie.

Les termes de prendre, benir, rompre & distribuer le monstrẽt, où le lecteur remarquera que Geneue a traduit, rendit graces, au lieu de dire, benit, comme il a esté remarqué en vn autre passage sẽblable & correlatif à celuy-cy.

Que la communion sous les deux especes a esté laissee à la disposition de l'Eglise comme chose indifferente.

6.54 EN *sainct Iean sixiesme*, celuy qui a dit, Si vous ne mangez la chair du fils de l'homme & beuuez son sang, vous n'aurez pas la vie en vous.

52 Il a dict aussi, Si quelqu'vn mange de ce pain il viura eternellement.

55 Et celuy qui a dict, Qui mange ma chair & boit mon sang, il a la vie eternelle.

52 Il a aussi dict, Le pain que ie donneray, est ma chair pour la vie du monde.

57 Et finalement celuy qui a dict, Qui mange ma chair & boit mon sang il demeure en moy, & moy en luy. Il a dict neantmoins, Qui mange ce pain viura eternellement.

De l'Autel, & de la consecration.

AVx *Hebrieux.* Nous auons vn 13.10.
autel, duquel n'ont puissance
de manger ceux qui seruent au Tabernacle.

Aux Nombres Telle fut la dedica- 7.84
ce de l'autel faicte par les princi-
paux d'Israël, lors qu'il fut oinct
douze plats d'argent, douze bassins d'argent, douze tasses d'or,
&c.

Du Calice, & des vases & vestement sacrez & du parfum ou encensement.

EN *la premiere aux Corinthiens.* 10.16.
Le Calice de benediction, lequel nous benissons, n'est-il pas la
communion du sang de Iesus-
Christ?

E*n l'Exode.* Dieu dit à Moyse par- 25.29.31.
lant de la table du propitiatoire,
sur laquelle se mettoient les pains
de proposition; Tu feras aussi ces
plats, ces tasses, ces phioles & ces

baſſins, auec leſquels on fera les aſperſions, tu les feras de pur or, le chãdelier ſera duit au marteau, ſa iambe & ſes branches, ſes platelets, ſes pommeaux & ſes fleurs seront d'iceluy, &c.

5.1.2.3.4. En *Daniel* eſt deſcrite l'hiſtoire du banquet que fit Baltaſar à mille ſeigneurs de ſes ſubiets, à ſes femmes & concubines, & cõme pendant qu'ils beuuoient dans les vaſes ſacrez que Nabuchodonoſor ſon pere auoit apportez de Hieruſalem, vne main parut ſur la muraille qui eſcriuoit, *Mane, teſel, Phares.*

1.8.9. *Et en Eſdras chapitre premeer*, Il eſt recité commẽt Cyrus Roy de Perſe fit tirer par le moyen de Mithridate threſorier, les vaſes qui auoient eſté prophanez, & les fit liurer par conte à Saſſabaſar Prince de Iuda: & c'eſt icy le nõbre d'iceux, dit le verſet neuf, dix,

& vnziesme, à sçauoir trente bassins d'or, mille bassins d'argent, vingt & neuf cousteaux, trente plats d'or, quatre cents & dix plats d'argent du second ordre, & d'autres vtẽsilles par milliers. Tous les vtensiles d'or & d'argent estoiẽt cinq mille quatre cents: Sassabasar les fit tous rapporter quand on fit remonter de Babylone en Hierusalem ceux qui en auoient esté transportez.

Le mesme par analogie se peut prouuer des vestemens sacrez par ce qui est escrit en l'Exode 28. iusques au 40. verset.

Et de l'encensement, par l'Exode 25. v. 2. chap. 30. 1. chap. 40. 24

Par le Leuitique chapitre 2. 1. chap. 10. 11. Nombres chap. 16. 6.

Par le premier des Roys chap. 2. 28. Au troisiesme chap. 7. 48. & ailleurs.

16.10. AV *Deuteronome*. Où il y a, en l'autographe Hebrieu *Missach Nedaba*, ou *Missah Nidbath*, oblation ou sacrifice volontaire; au Chaldaïque *Missa Nidbat*.

Lev. 23.19. Et la figure paroist, si on rapporte, comme il se doit, le passage à ce qui est escrit au Leuitique.

E*t au Pseaume septante deux* 16. où il y a *Pissathar*, qui signifie ce que nous disons, vne hostie en forme de galette, faite d'vne demie poignee de farine, & de la transmutation du *pi* en *men*, les Rabins tirerent la future transmutatiou du froment, & l'appellerent *Simuy Thebaa*, c'est à dire changement de nature.

25. E*n* E*saye*. Le Seigneur fera en ceste montagne à tous peuples vn banquet tres-opulent; en sera le vin espuré de la lie. En l'Hebrieu, *miserté*

Du sacrifice de la saincte Messe quant à la chose.

E*N Malachie*. Ma volonté n'est 1.10.11.
pas en vous, & ie ne receuray
point les dons de vos mains, car
depuis le leuant iusques au cou-
chant mon nom est grand entre
les Gentils, & en tout endroit est
immolee & sacrifiee à mon nom
vne oblation nette, parce que
mon nom est grand entre les
Gentils.

Aux Actes Or lors qu'ils sacri- 13.2.
fioient au Seigneur & ieusnoient.

Aux Hebrieux. Nous auons vn 13.10
autel duquel n'ont point puissance de manger ceux qui seruent au
Tabernacle.

Que la Messe & saincte Eucharistie ne doit estre administree en lieu prophane.

E*N la premiere aux Corinthiens*. 11.2.21.
Quand donc vous vous as- 22.

ſemblez, cela n'eſt point manger
la Cene du Seigneur, car aucun
de vous s'aduance de prendre ſon
ſoupper particulier quand ſe vient
à manger, & l'vn a faim, l'autre
fait bonne chere; n'auez vous dõc
point de maiſons pour manger &
pour boire? meſpriſez vous l'Egliſe de Dieu? & faites honte a ceux
qui n'ont dequoy?

12. 13. 14. *Au Deuteronome.* Prends garde
que tu ne ſacrifies les holocauſtes
en tous les lieux que tu verras, mais
au lieu que le Seigneur choiſira.

De la confeßion ſacramentale des pechez.

3. 5. 6. En *ſainct Matthieu.* Adonc ſor-
toient pour venir vers luy
ceux de Hieruſalem & de toute la
Iudee & de la contree qui eſtoit à
l'enuiron du Iourdain, & eſtoient
baptiſez par luy au Iourdain, con-
feſſant leurs pechez.

19. 18. *Aux Actes.* Et pluſieurs de ceux

quiauoient creu venoient confeſ-
ſans & declarants leurs actes; le
texte de Syriaque porte, leurs of-
fences.

N ſainct Matthieu. Ie vous dis en 18. 18.
verité que tout ce que vous lierez
ſur terre, ſera lié au Ciel; & tout ce
que vous deſlierez ſur terre ſera
deſlié ſur les Cieux.

E*n ſainct Iean.* Et il leur dit dere- 20. 21. 22.
chef, paix vous ſoit, comme mon 23.
Pera m'a enuoyé, ainſi ie vous enuoye. Et quand il eut dit cela, il
ſouffla ſur eux, & leur dit, Prenez
le ſainct Eſprit: A quiconque vous
pardonnerez les pechez ils ſeront
pardonnez, & à quiconque vous
les retiendrez ils ſeront retenus.
Or le Preſtre ne peut ſçauoir ce
qu'il doit lier, ou deſlier, rètenir
ou remettre, ſi le peché ne luy eſt
repreſenté; la confeſſion y eſt dōc
neceſſaire.

En ſainct Iacques. Confeſſez vos pechez l'vn à l'autre.

Que nous ſommes eſpurez du peché par la grace qui reſide en nos ames.

EN *la premiere aux Corinthiens. 6. verſ.* 11. apres auoir parlé des pechez plus enormes qui empeſchent l'entree du Royaume de Dieu, l'Apoſtre dit, Et telles choſes eſtiez vous quelques-vns, mais vous eſtes lauez, vous eſtes ſanctifiez, vous eſtes iuſtifiez au nom du Seigneur Ieſus, & en l'eſprit de noſtre Dieu.

Et aux Romains chapitre cinquieſme verſet 5. La charité de Dieu eſt eſpanduë en nos cœurs par le ſainct Eſprit qui nous a eſté donné.

Que la peine du peché n'eſt pas touſiours effacee quand la coulpe eſt oſtee.

LEs peines portees en la Geneſe en punition du peché

d'Adam & Eue continuent au-iourd'huy; nonobſtant la remiſ-ſion du peché perſonnel de noſtre premier pere, & de l'originel en ſes enfans.

Aux Nombres. Marie ſœur de Moïſe fut frappee de lepre à cauſe de ſa murmuration, le peché luy fut remis par la priere de ſon frere, & neantmoins Dieu ordonne que ſept iours elle ſoit ſeparee de toute l'armee.

Aux Nombres 14. Le peuple ayãt grandement murmuré contre Dieu: Moïſe & Aaron ayant auſſi voulu lapider Ioſué & Caleb, l'ire du Seigneur qui eſtoit flamboyã-te ſur ce peuple, fut appaiſee à la priere de Moïſe, auquel l'Eternel dit, I'ay pardonné ſelon ta parole, verſ. 20. mais la menace fut ſuiuie de l'effect: car pas vn d'eux n'en-tra en la terre promiſe.

Aaron meſme, & Moyſe, pour

auoir douté aux eaux de contradiction, l'vn mourut ſur la montagne Hor, & l'autre ſur celle de Nebot, & n'entrerent en la terre promiſe. *Aux Nombres* 20.

Dieu pardonna à Dauid le peché commis auec Berſabee, & la mort d'Vrie, & le denombrement du peuple, comme il eſt eſcrit au 2. liure des Roys, chap. 12. & chap 24. & neantmoins l'enfant adulterain mourut : la rebellion ſe leua entre Abſalon & ſes freres, Thamar fut deshonoree, la contagion fit mourir ſoixante & dix mille perſonnes.

Au troiſieſme des Roys, Dieu pardonna à Achab ayant veu ſon humble penitence, mais il luy fit ſçauoir par la bouche d'Helie Theſbite que ſes menaces ſortiroient leur effect ſur ſes enfans & ſa poſterité.

Que l'oraison, le ieusne, & l'aumosne sont œuures satisfactoires, & les fruicts dignes de Penitence.

AV *second des Chroniques*. Si ie ferme les Cieux, & qu'il n'y ayt point de pluye, & si ie commande aux sauterelles de consommer la terre, & si i'enuoye la mortalité parmy mon peuple, & que mon peuple sur lequel mon nom est reclamé, s'humilie & face requeste, & recherche ma face, & se destourne de son mauuais train, adonc ie l'exauceray des Cieux, & pardonneray leurs pechez, gueriray leur terre : mes yeux seront desormais ouuerts, & mes oreilles ententiues à la requeste qu'on fera en ce lieu cy. 2. Par. 7. 13. 14. 15.

LE IEVSNE.

En Ionas. Et les hommes de Niniue creurent à Dieu, & publierẽt le Ieusne, & se vestirent de sacs 3. 5. 7.

depuis le plus grand d'entr'eux iuſques aux plus petits, & ſe fit vn decret de la part du Roy & de ſes Princes, Qu'homme ny beſte, ny bœufs ny brebis ne gouſteroient d'aucune choſe, ny repaiſtroient & ne boiroient point d'eau, & que les hommes & les beſtes ſeroient couuerts de ſacs, & qu'ils crieroient à Dieu, & Dieu regarda, *dit le verſet* 10. à ce qu'ils auoient faict, & comment ils s'eſtoient deſtournez de leur mauuaiſe vie, & Dieu ſe repētit du mal qu'il auoit dict de faire, & ne leur fit point.

De l'avmosne.

En Tobie. L'aumoſne deliure de tout peché, & de la mort.

En Daniel. Rachepte tes pechez par aumoſnes, & tes iniquitez en faiſant miſericorde aux pauures.

En ſainct Luc. Donnez l'aumoſne, & voila que toutes choſes vous ſont nettes.

Des autres afflictions corporelles.

En la premiere aux Corinthiens. 9. 27
Ie noircis de coups mon corps, & le reduis en seruitude, de peur qu'ayant presché aux autres, moy mesme ne sois reprouué.

Et en general.

En sainct Luc. Faictes donc fru- 3. 8.
icts dignes de penitence, ou (cõme traduit Geneue) conuenables à repentance.

Qu'il y a vn lieu de satisfaction & de peines purgatiues en la vie future, pour ceux qui n'ont satisfait en ce monde à la diuine Iustice.

A*V premier des Roys.* Le Sei- 2. 6.
gneur mortifie & viuifie, conduit aux enfers, & en retire.

En Tobie. Establis ton pain & tõ 4. 18.
vin sur la sepulture du iuste.

En sainct Matthieu. Sois consen- 5. 25. 26.
tant auec ton aduersaire pendant que tu es en chemin, de peur que ta partie ne te liure au Iuge, & le

Iuge au bourreau: Ie te dis en verité que tu ne ſortiras de là, que tu
n'ayes payé iuſques à la derniere
maille.

12.32. *Derechef.* Mais qui aura dit parole
contre le ſainct Eſprit, il ne luy ſera pardonné ny en ce ſiecle ny en
l'autre qui eſt à venir.

3.13. *En la premiere aux Corinthiens.*
Le feu eſprouuera qu'elle ſera
l'œuure d'vn chacun.

2.10. *Aux Phylippiens.* Au nom de
Ieſus tout genouil fleſchira des
choſes celeſtes, terreſtres & infer-
nales.

Que l'extreme Onction, cinquieſme ſacrement de l'Egliſe, confere grace.

5.14.15. EN *ſainct Iacques, chapitre 5.* Y
a-il quelqu'vn d'entre vous
malade? qu'il appelle les Preſtres
de l'Egliſe, & qu'ils prient ſur luy,
& qu'ils l'oignent d'huile au nom
du Seigneur, & la priere de foy ſau-

uera le malade, & le Seigneur l'allegera; & s'il est en pechez, ils luy seront remis.

En sainct Marc. Eux donc estãs 6.12.13.
partis prescherent qu'ils fissent penitence, & ietterent hors plusieurs diables, & oignirent d'huille plusieurs malades, & les guarirent.

Que par l'imposition des mains, sixiesme sacrment de l'Eglise, dit Ordre certaine grace & puissance spirituelle est donnee.

EN *sainct Iean.* Comme mon 20.21.22
Pere m'a enuoyé, ainsi aussi ie 23.
vous enuoye: ce dit, il souffla sur eux, disant, Receuez le sainct Esprit, ceux ausquels vous aurez remis les pechez, ils leur seront remis, ceux à qui vous les aurez retenus, ils seront retenns.

Aux Actes. Ils esleurent Estien- 6.5.6.
ne, personnage plein de foy, & du S. Esprit, & Philippe, & Procore

& Nicanor, & Timon, & Parmenas, & Nicolas Proselyte Antiochien, lesquels ils presenterent
deuant les Apostres, & iceux a-
pres auoir prié leur imposerent les
mains.

13.2.3. *De rechef.* Separez moy Barnabas & Saül pour l'œuure auquel ie
les ay appellez : Parquoy apres
auoir ieusné & prié, ils leur imposerent les mains, & leur baillerent
congé.

4.14. *En la premiere à Timothee.* Ne vueilles negliger la grace qui est en toy,
qui t'a esté donnée par Prophetie
par l'imposition des mains de la
compagnie des Prestres.

5.22. P*ar apres* N'impose point hastiuement les mains sur aucun, & ne
communiques point aux pechez
d'autruy.

1.6. *En la seconde au mesme Timothee.*
Pour laquelle cause ie t'admone-
ste que tu renflame la grace de

Dieu qui est en toy par l'imposition de mes mains.

Qu'il y faut vne speciale vocation.

A*Vx Hebrieux*. Or nul ne s'attribue cet honneur, ains celuy qui est appellé de Dieu comme Aaron.

Que l'Euesque establit & ordonne les Prestres.

A*Vx Actes*. Et apres qu'ils eurent estably des Prestres par chacune Eglise, ayant prié auec ieusne, ils les recommanderent au Seigneur, auquel ils auoient creu.

E*n l'Epistre à Tite*. La cause pour laquelle ie t'ay laissé en Crete, est afin que tu poursuyues de dresser en bon ordre les choses qui restẽt, & que tu establisses des Prestres de ville en ville, ainsi que ie t'ay ordonné.

Pareillement les Diacres.

Aux Actes Sont nommez les sept premiers Diacres, lesquels,

& Nicanor, & Timon, & Parmenas, & Nicolas Proſelyte Antiochien, leſquels ils preſenterent deuant les Apoſtres, & iceux apres auoir prié leur impoſerent les mains.

De rechef. Separez moy Barnabas & Saül pour l'œuure auquel ie les ay appellez : Parquoy apres auoir ieuſné & prié, ils leur impoſerent les mains, & leur baillerent congé.

En la premiere à Timothee. Ne vueilles negliger la grace qui eſt en toy, qui t'a eſté donnée par Prophetie par l'impoſition des mains de la compagnie des Preſtres.

P*ar apres* N'impoſe point haſtiuement les mains ſur aucun, & ne communiques point aux pechez d'autruy.

En la ſeconde au meſme Timothee. Pour laquelle cauſe ie t'admoneſte que tu renflame la grace de

Dieu qui est en toy par l'imposition de mes mains.

Qu'il y faut vne speciale vocation.

A*ux Hebrieux*. Or nul ne s'attri- 5.4.
bue cet honneur, ains celuy qui est appellé de Dieu comme Aaron.

Que l'Euesque establit & ordonne les Prestres.

A*ux Actes*. Et apres qu'ils eu- 14.22.
rent estably des Prestres par chacune Eglise, ayant prié auec ieusne, ils les recommanderent au Seigneur, auquel ils auoient creu.

E*n l'Epistre à Tite*. La cause pour 1.5.
laquelle ie t'ay laissé en Crete, est afin que tu poursuyues de dresser en bon ordre les choses qui restẽt, & que tu establisses des Prestres de ville en ville, ainsi que ie t'ay ordonné.

Pareillement les Diacres.

Aux Actes Sont nommez les 6.5.6.
sept premiers Diacres, lesquels,

dit le texte, ils presenterent deuant les Apostres, & iceux apres auoir prié leur imposerent les mains.

Que ce Celibat & la continence conuiennent à ceux qui approchent la table de Dieu.

19. 14. 15. EN *l'Exode*. Et Moïse descendit de la montagne vers le peuple, & sanctifia le peuple, & ils lauerent leurs vestemens. Et il dit au peuple, Soyez tous prests pour le troisiesme iour, & n'approchez point de femme.

21. 4. 5. 6. *Au premier des Roys*. Abimelech dit à Dauid qui luy demandoit à manger, Ie n'ay point de pain commun en main, mais bien du pain sacré, pourueu que tes gens soient mundes, & se soient gardés mundes, principalement des femmes. Et Dauid respondit au Sacrificateur, & luy dit, S'il n'est question que des femmes nous ne

les auons touchees depuis noſtre depart il y a trois iours, & les vaiſſeaux de mes gens ont eſté ſaincts, &c. Le Sacrificateur donc luy bailla du pain ſacré, car il n'y auoit point là d'autre pain que les pains de propoſition qui auoient eſté oſtez de deuant le Seigneur, pour remettre du pain chaud au iour qu'on auoit leué l'autre.

En Eſaie. Retirez vous, retirez vous, ſortez delà, ne touchez point à chose ſoüillee, ſortez du milieu d'icelle, nettoyez vous, vous qui portez les vaiſſeaux du Seigneur.

En la premiere aux Corinthiens. Ne fraudez point l'vn l'autre, ſi ce n'eſt par conſentement mutuel pour vn temps, afin que vous vacquiez à oraiſon. Or le Preſtre y vacque touſiours.

A Tite. Car il faut que l'Eueſque

ſoit irreprehenſible, comme diſpenſateur de la maiſon de Dieu, non adonné à ſon ſens, non cholere, non ſubiet au vin, non batteur, non conuoiteux de gaing deshonneſte, mais hoſpitalier, amateur des gens de bien, ſage, iuſte, ſainct, continent.

De l'immunité, exemption, franchiſe, & priuilege de l'Eſtat Eccleſiaſtique.

EN *la Geneſe* 47. 22. Ioſeph n'acquit point les terres des Sacrificateurs, & de l'ordonnance de payer le quint à Pharao furent exceptees les terres des Sacrificateurs.

1. *Eſdras* 7. 24. En outre nous faiſons ſçauoir qu'õ ne pourra point impoſer taille ny gabelle, ny peage à Sacrificateur ou Leuite, Chãtre, Portier, Nathinien, & ſeruant en la maiſon de Dieu.

L. 3. *Eſd. c.* 8. 25 2?. Auſſi nous

eſt commandé qu'à tous les Sacrificateurs, & Leuites, aux Chantres ſacrez du Tẽple, & aux Portiers & autres miniſtres, & ceux qui ſollicitent les affaires du Temple, on ne demande tribut ny impoſt, & que nul n'ait puiſſance de leur impoſer choſe quelconque.

En la premiere aux Corinthiens. 5. 12. Car qu'ay-ie affaire de iuger ceux qui ſont de dehors?

Que les bigames ſont irreguliers, & ne doiuent eſtre admis aux Ordres ſacrez.

EN *la premiere à Timothee.* Il faut que l'Eueſque ſoit irreprehenſible, mary d'vne ſeule femme.

Par apres. Que la veufue ſoit choiſie, n'ayant pas moins de ſoixante ans, & qui ayt eſté femme d'vn ſeul mary.

A Tite. Ie t'ay laiſſé en Crete, afin que de ville en ville tu eſtabliſſes des Preſtres, ainſi que ie t'ay ordonné, à ſçauoir s'il y a quelqu'vn qui ſoit irreprehenſible, mary d'vne ſeule femme, &c.

Des heures canoniques à minuict.

Au Pſeaume. Ie me leuois à minuict pour confeſſer ton nom, & celebrer ta loüange.

Le ſoir, le matin, à midy, que l'on dit Veſpre, Prime, Nonne.

Au Pſeaume. Le veſpre, le matin, & à midy, ie raconteray & annonceray, & tu exauceras ma voix.

Des autres heures qui ſont les ſept du iour.

Au Pſeaume. Sept fois le iour ie te loüe à cauſe des ordonnances de ta iuſtice.

Des Pſeaumes, Hymnes, & Cantiques.

L'Apoſtre excitant les Epheſiẽs, leur dit au chapitre cinquieſme, Soyez remplis d'eſprit, parlant entre vous par Pſeaumes, loüanges, & chanſons ſpirituelles

& pſalmodiant en voſtre cœur au Seigneur, rendant touſiours graces pour toutes choſes au nom de noſtre Seigneur Ieſus-Chriſt à noſtre Dieu & Pere.

Aux Coliſsiens. Que la parole de 3.16.
Ieſus-Chriſt habite en vous plantureuſement en toute ſapience, & en vous enſeignant & admoneſtant l'vn l'autre par Pſeaumes, loüanges & cantiques ſpirituels, auec grace, chantans en voſtre cœur au Seigneur.

Que le Mariage eſt l'vn des Sacrement de la loy Euangelique.

A*Vx Epheſiens.* 5. 28. *&c.* Ainſi les maris doiuent aymer leurs femmes comme leur propre corps. Qui ayme ſa femme, il ayme ſoy-meſme, car perſonne n'eut oncques en haine ſa chair, ains la nourrit & l'entretient, comme auſſi fait le Seigneur l'Egliſe: car nous ſommes membres de ſon

Que pour cauſe d'adultere il n'eſt loiſible de ſe marier à vn autre.

A*VX Romains*. La femme qui eſt en puiſſance de mary, tant que ſon mary eſt en vie eſt liee à iceluy par la loy ; mais ſi ſon mary meurt elle eſt deliuree de la loy du mary. Le mary donc viuant ſi elle ſe ioint à vn autre mary, elle ſera appelle adultereſſe, mais ſon mary eſtant mort elle eſt deliuree de la loy ; tellement qu'elle ne ſera point adultereſſe ſi elle eſt iointe à vn autre mary.

Que l'Antechriſt ſera vn certain homme particulier.

E*N la ſeconde aux Theſſaloniens*. Que nul ne vous ſeduiſe en ſorte que ce ſoit: car ce iour-là ne viendra point que premierement ne ſoit aduenuë la reuolte, & que l'homme de peché ne ſoit reuelé, le fils de perdition, qui s'oppoſe

& s'eſleue contre tout ce qui eſt nommé Dieu, ou que l'on adore iuſques à eſtre aſſis comme Dieu au temple de Dieu, ſe prouuant eſtre Dieu.

Et au verſet huictieſme. Et lors ſera le meſchant reuelé, lequel le Seigneur deſconfiera par l'Eſprit de ſa bouche, & l'abolira par la clarté de ſon aduenement, duquel (meſchant) l'aduenement eſt ſelon l'efficace de Sathan en toute puiſſance, & ſignes, & miracles de menſonge.

En l'Apocalypſe, ſon nom eſt indiqué particulierement par voye de nombres, Icy eſt la ſapience, qui a entendement qu'il conte le nombre de la beſte, car c'eſt vn nombre d'homme, & ſon nombre eſt ſix cens ſoixante ſix.

Que le Pape ne peut eſtre l'Antechriſt.

S*ainct Iean en la premiere*. Qui eſt menteur ſinon celuy qui nie

Iesus estre le Christ? celuy-là est l'Antechrist qui nie le Pere & le fils. Quel Pape a iamais nié ou niera le Pere & le fils? & que Iesus ne soit le Christ? veu qu'il se dit seruiteur des seruiteurs de Iesus-Christ?

Que l'Antechrist ne peut estre venu, & que sa venuë n'est encore proche.

EN *sainct Marc.* 13. 6. Plusieurs viendront en mon nom, disant, C'est moy qui suis le Christ, & en seduiront plusieurs. P*uis au verset dixiesme.* Et faut que l'Euãgile soit premierement preschee en toutes nations. Or vne grande partie du monde, qui est en l'Amerique, n'a encore ouy parler du fils de Dieu, ny les terres incogneuës, & que l'on sçait neantmoins estre asseurément.

De la reue-

De la reuerence que l'on fait quand l'on prononce le nom de IESVS.

A*ux Philippiens*. Pour laquelle cause Dieu la souuerainement esleué, & luy a donné vn nom qui est sur tout autre nom, afin qu'au nom de Iesus tout genoüil se ploye de ceux qui sont és Cieux, & en la terre, & dessous la terre.

En Esaye, rapporté par sainct Paul aux Romains. Ie suis viuant, dit le Seigneur, tout genoüil ployera deuant moy, & toute langue donnera loüange à Dieu.

De la reuerence que l'on doit aux Reliques.

E*N l'Exode*. Moïse estant sur son depart auec tout le peuple qui sortit de l'Egypte, enleua honorablement les ossemens du Patriarche Ioseph, qu'ils emporterent auec eux, & les enseuelirent apres au terroir de Sichem.

Au quatriesme des Roys. Le corps

du Prophete Elisee resuscita vn mort, à raison dequoy il est nommé par le fils de Syrach Prophete apres sa mort.

Aux Actes. L'ombre de sainct Pierre, *& au* 19. les mouchoirs, couurechefs, & deuantiers de sainct Paul guerissoyent les malades: or il faut honorer ce que Dieu honore.

Que les femmes ne doiuent enseigner, parler, ny consequemment psalmodier en l'Eglise.

E*N la premiere aux Corinthiens.* Que les femmes qui sont entre vous se taisent aux Eglises, car il ne leur est point permis de parler.

En la premiere à Timothee. Ie ne permets point que la femme enseigne.

Que Dieu n'a creé personne pour le damner, & si quelqu'vn se perd, c'est par sa faute.

E*N la Sapience*. Il a creé toutes nations pour estre, & toutes ſont capables de ſalut.

Par apres. Tu aymes toutes choſes qui ſont, & ne haïs aucune des choſes que tu as faites, tu ne les euſſes point creées ſi tu les euſſes hayes.

En Ezechiel. Ie ne veux point la mort de celuy qui meurt. *Et plus bas au chap* 33. Di leur, Ie ſuis viuãt dit le Seigneur l'Eternel, ie ne prens point plaiſir à la mort du meſchãt, ains pluſtoſt que le meſchant ſe deſtourne de ſon train, & qu'il viue.

En la premiere à Timothee Et Dieu veut que tous ſoient ſauuez, & viennent à la cognoiſſance de verité.

S. Pierre en l'Epiſtre 2. Dieu eſt patient enuers tous, & ne veut que perſonne periſſe.

Que les heureux ne sont egaux en gloire.

16.27. EN *sainct Matthieu.* Lors il rendra à vn chacun selon ses œu-
ures.

14.2. *En S. Iean.* En la maison de mon
Pere il y a plusieurs demeures.

15.39.40.41 *En la premiere aux Corinthiens.*
42. Toute chair n'est point vne mesme sorte de chair, mais autre est
la chair des hommes, autre celle
des bestes, & autre des poissons, &
autre des oyseaux; aussi y a il des
corps celestes, & des corps terrestres: mais autre la gloire des celestes, autre celle des terrestres autre est la gloire du Soleil, autre la
gloire de la Lune: & autre la gloire des esprits; car vne estoille est
differente de l'autre estoille en
clarté: Ainsi aussi sera la resurrection des morts.

Que les damnez seront tourmentez plus ou moins, chacun selon ses demerites.

EN *sainct. Matthieu.* 16. 27. Il rendra à vn chacun ſelon ſes œuures.

Apocalypſe. D'autant qu'elle s'eſt glorifiee, & qu'elle a eſté en delices, d'autant donnés luy de tourmens & pleurs.

En la Sapience. Iugement rigoureux ſera faict de ceux qui ſont par deſſus les autres. Le plus petit eſt digne de miſericorde, mais les puiſſans ſeront puiſſamment tourmentez.

Et au verſet neufuieſme. Aux plus forts eſt appareillé plus fort ſupplice.

Que perſonne ſans ſpeciale reuelation n'a aſſeurance infaillible d'eſtre du nombre des predeſtinez ou du nombre des reprouuez.

9.27 *EN la premiere aux Corinthiens.*
Ie matte mon corps & le reduis
en seruitude, de peur qu'ayant
presché aux autres ie ne sois moy-
mesme d'auanture reprouué.
11.20.21.22 *Aux Romains*. Tu es debout par
foy, ne t'esleue point, mais crain;
Car si Dieu n'a point espargné les
branches naturelles, garde qu'il
ne t'aduienne aussi qu'il ne t'espar-
gne point. Regarde donc la benignité & seuerité de Dieu, à sçauoir.
la seuerité sur ceux qui sont tres-
buchez, & la benignité sur toy, si
tu perseueres en bonté, autremẽt
11.33.34 tu seras aussi couppé. *Et apres il s'es-
crie*, O profondeur des richesses
de la science & sapience de Dieu:
que ses iugements sont incom-
prehensibles, & ses voyes impossi-
bles à trouuer: car qui est ce qui a
cogneu la pensee du Seigneur, ou
qui a esté son conseiller?
2.12 *Aux Philippiens*. Operés vostre sa-

lut auec crainte & tremblement.

En la secõde à Timothee. Fay diligẽ- 2.15.
ce de te rẽdre approuué deuãt DIEU

S. Pierre en la secõde. Pourtãt, freres, 1.10.
estudiés vous plustost de rẽdre ferme vostre vocation & election.

En l'Ecclesiaste. L'homme ne sçait 9.1.
l'amour ou la hayne de tout ce qui est deuant luy (*ou comme porte la version commune*) l'homme ne sçait s'il est digne d'amour ou de hayne, mais toutes choses sont gardees incertaines pour le temps aduenir.

Que par la presence & par l'attouchemẽt des choses sainctes, quelque sanctification nous est communiquee.

EN *l'Exode.* Par sept iours tu fe- 29.37
ras propitiation pour l'autel, & le sanctifieras, & l'autel sera sainctete tres-saincte; tout ce qui touchera l'autel, sera sainct.

En sainct Matthieu. Fols & aueu- 23.17.
gles, qui est plus grand, le don, ou l'autel qui sanctifie le don?

LE PERE COTON AYANT DONNE AV PVBLIC ET imprimé ces preuues, adiousta les paroles suiuantes.

TOVS ceux de la Religion pretenduë reformée qui ietteront les yeux sur ces feuilles seront aduertis, que deuant le Tribunal de celuy qui est le Dieu de verité, ils seront inexcusables, s'ils ne font de deux choses l'vne, ou de se ranger à la foy Catholique: ou de faire esgale preuue de la leur par textes exprès tirez de l'Escriture selon la teneur des demãdes & propositions qui suiuẽt.

Où est il escrit que les enfans des Chrestiens se puissent sauuer par la seule foy des parens, sans estre baptisez: & partant que le baptesme n'est d'absoluë necessité.

Que le pain de la cene est la figure du corps de IESVS-CHRIST seulement.

Que l'Eglise peut errer.

Qu'il ne faut receuoir aucunes traditions.

Que les Anges & les saincts qui sont en gloire, ignorent nos necessitez, & ne peuuent ouir nos prieres.

Que les Prestres & Religieux peuuent rompre leurs vœux.

Que le Celibat n'a rien pardessus le mariage.

Que les liures des Machabées, de la Sapience, de l'Ecclesiastique, de Tobie, les restes de Daniel & Baruc sont apocryphes.

Que l'ame du fils de Dieu n'est point descenduë aux Enfers pour en tirer les ames des saincts Peres qui attẽdoiẽt sa venuë, ou biẽ que deuant l'ascension de Iesus-Christ, les ames des saincts ayent esté receuës au Ciel, non au Lymbe ny au troisiesme lieu.

Qu'il ne faut confesser son peché qu'à Dieu seul.

Que la ſeule foy iuſtifie.

Que quand la coulpe du peché eſt effacée la peine l'eſt auſſi.

Que Dieu n'a point creé les hommes à pareille condition, mais qu'il en a creé les vns pour eſtre ſauuez, & les autres pour eſtre dãnez perpetuellement.

Que chacun en ſon particulier n'a point ſon Ange gardien.

Qu'il n'eſt loiſible de le ſaluër, ny de l'inuoquer.

Que Dieu ne permet pas le peché, mais qu'il le veut; qu'il nous y pouſſe, & nous y contraint.

Que l'Eſcriture eſt facile à entẽdre, & que l'intelligence en eſt donnée à tous.

Qu'il ne faut point de miſſion ordinaire ou extraordinaire pour preſcher la parole de Dieu.

Qu'il ne faut rien croire que ce qui eſt eſcrit.

Que Dieu n'a point laiſſé en l'Egliſe le pouuoir de remettre les pechez.

Que tous pechez ſont mortels.

Que l'on ne peut rien meriter, meſmes auec la grace.

Qu'il eſt impoſſible de garder les commandemens de Dieu, meſmes auec ſon aide.

Que Dieu ne donnera point de recompenſe aux bonnes œuures.

Qu'il n'y a point de diſtinction de beatitude entre les bien-heureux, & qu'ils ſont tous eſgaux en gloire.

Qu'il ne faut point vſer de l'impoſition des mains dont vſerent les Apoſtres ſur ceux de Samarie & d'Epheſe.

Que le precepte d'oindre les malades d'huyle, dont parle ſainct Iacques, ne doit eſtre pratiqué en l'Egliſe, quoy qu'il ayt eſté vſité par les Apoſtres.

Que la priere pour les morts n'a, point eſté en vſage anciennement ny mesme du tẽps des Machabées.

Ie ne sçaurois suffisamment exprimer de combien a seruy la consideration de ces choses, notamment à deux gentilshommes, lesquels prindrent resolution d'en escrire au sieur du Moulin en la maniere qui suit: soit que la lettre luy ayt esté renduë, ou qu'il dissimule de l'auoir receuë.

Mõsieur, ce que le Capitaine doit à ses soldats, le maistre à ses escholiers, le pere de famille à ses enfans, le nocher à son vaisseau, le Pasteur à sa bergerie, vous le deuez à nos ames racheptées par le sang tres-precieux du Pasteur eternel. Lequel pour ceste fin vous a commis la charge que vous tenez en son Eglise. Nous voicy doncques à vos pieds, pour n'aller à la pantoufle du Pape. C'est (Monsieur) à l'occasion de vôtre Imprimé, contre les demandes du Iesuiste Coton.

Car eſtant ces iours paſſez en bonne compagnie, où nous exaltions vos œuures, il nous fut maintenu que vous n'auiez en rien ſatisfait aux demandes dudit Coton : Parce que, diſoit vn Papiſte, il eſtoit queſtion de citer les textes de l'Eſcriture, reſpondans collateralement à ſes demandes, & non de diſcourir, vſer de ſornettes, & recriminatiõs, comme vous auiez fait : & d'autant qu'il en cuida ſuiure vne forte querelle, nous priſmes en main ſur l'heure voſtre dit Imprimé, le leuſmes, & releuſmes attentiuement, pour en extraire les paſſages que l'on nous demandoit, les confronter, & cotter vis à vis de chaque demande, ainſi que nous l'auions promis. Or ie proteſte que quand nous euſſions deu y perdre les yeux, nous n'euſſions ſçeu y apporter plus de diligence que nous fiſmes. Et neanmoins nous voila vuides de reſpõſe,& pleins de confuſion. Car certes il faut aduoüer que nous ne peuſmes iamais trouuer aucun paſſage de l'Eſcriture en tout voſtre Traicté, qui reſpondiſt à la choſe qui vous eſtoit propoſée. Ce qui nous mit d'autant plus en colere, que le Catholique Romain tira à l'inſtant de ſa poche vn cayer où eſtoient marquez diſtinctement les textes formels de l'Eſcriture contraires aux maximes de noſtre Religion. Et en le tirant il nous dit: Voyla la duplique deuë à la replique de voſtre ſieur du Moulin: Croyez que s'il ne fait meilleure farine à ce coup, vous aurez perdu par deux fois voſtre mouture. En ce papier ie vous conſigne ma creance,& vous iure que ſi luy, ou aucun autre de vos Miniſtres y peut reſpondre, i'iray à la preſche le Dimanche ſuiuant: Mais auſſi ie requiers que ſi la parole de Dieu vous manque , vous manquiez à eux , & à leur Eglise. Nous l'acceptasmes , ne pouuant faire autrement auecques nostre honneur, & partant nous le vous enuoyons, & vous supplions au nom de Dieu, & par tout le zele que vous deuez à son Eglise , & au salut de nos ames , d'y respondre au plustost ; non par aucun discours, mais par la seule Escriture , citant sur chacune demande autant de textes pour la negatiue, que luy pour l'affirmatiue : N'estant pas croyable , combien nos gens demeurent estonnez , d'oüir parler les Catholiques , comme nous faisions autresfois , & de se voir battre maintenant des armes que nous auons iusques icy estimé fauorables à nostre reformation. Car ils crient tout haut , & à tous propos , qu'ils veulent la parole de Dieu, & non celles des hommes , qu'ils reiettent la noſtre , puis que nous rejettons celle des Peres; qu'ils ne nous lairront en repos, iuſques à ce que nous leur ayons donné texte pour texte, paſſage pour paſſage, Eſcriture pour Eſcriture, auec la meſme euidence, force & clarté: & que dés maintenant cõme deſlors ils s'inſcriuent en faux contre nous, autant de fois que nous allegue rõs l'Eſcriture, ſi preſentement on ne reſpond à leurs propoſitions. C'eſt donc à vous , Monſieur, d'oſter ce ſcandale de deuant nos yeux, & la pierre d'achoppement de deuant nos pieds, nous ſecourir au beſoin, & fournir à nos ames, leur vraye nourriture, qui eſt la parole de Dieu alleguee pour la negatiue, de ce qu'ils produiſent pour l'affirmatiue. Autrement nous vſerons en voſtre endroict des paroles de Ioab, parlãt à Dauid: Que ſi vous ne ſortez , vn

ſeul ne demeurera auec vous, & ce ſera vn mal pire que tous les maux qui nous ſont arriuez depuis voſtre ieuneſſe. Et n'eſtimez pas que voſtre plume ſe puiſſe employer, ou plus vtilement, ou plus neceſſairement qu'à ce coup, qui porte droict au cœur de noſtre Religion, & qui luy eſt conſequēment fatal & mortel, ſi vous n'y parez promptemēt, comme il faut, & comme nous vous en ſupplions, en qualité de vos tres affectionnez à vous faire ſeruice.
D. M. D. C.

La copie de ceſte lettre eſtāt paruenuë en mes mains, i'ay eſtimé qu'elle faiſoit partie de l'information que ie deſirois faire le plus amplement, & le plus exactemēt qu'il me ſeroit poſſible, de tout ce qui s'eſt paſſé à Fontainebleau, à l'occaſion de ce Pourparlé, les acceſſoires duquel eſgalent, voire ſurmon-

tent leur principal. I'aduouë d'a-
uoir excedé en ce narré les termes
d'vne missiue, mais non ceux de
verité, ny de la charité que ie vous
dois, & porte singuliere, laquelle
m'a commandé de vous faire part
de tout ce que dessus, à l'honneur
& gloire de celuy qui est le soleil de
nos ames, & seul pere de lumiere:
par luy, en luy, & pour luy ie suis,

MONSIEVR,

Vostre seruiteur tres-
humble & tres-affe-
ctionné.

N.

www.ingramcontent.com/pod-product-compliance
Ingram Content Group UK Ltd.
Pitfield, Milton Keynes, MK11 3LW, UK
UKHW021827190726
13853UKWH00003B/1240

9 782329 59217